Isma

Derecho Satánico
Una mirada al Derecho Islámico

Editorial Espacio Creativo

Scotts Valley, California

Standard Copyright License

ISBN: 1451517076

EAN-13: 9781451517071

PR
BP
144
· L43C
2010

Datos para catalogación:

Título original en español

Derecho Satánico

Una mirada al Derecho Islámico

Copyright©2010— *Ismael Leandry Vega*

leandry2004@yahoo.com

Editorial Espacio Creativo

Scotts Valley, California

1. Derecho Internacional
2. Derecho Islámico
3. Estudios religiosos
4. Islam
5. Islamismo
6. Religión

Tabla de Contenido

Capítulo tres

Acciones legales y judiciales a favor y en contra del Islam,,,93

Capítulo cuatro

Desobedezcamos el Derecho Islámico,,,,,,,,,,,,,,113

Capítulo cinco

Frases y pensamientos,,,,,,,,,,,,,,,,,,,,,,,,,,,,,,,,,,,,,119

Referencias,,125

Ismael Leandry Vega

Dedicatoria

Este libro está dedicado a todas las personas que han sido y que serán azotadas, amenazadas, lapidadas, ejecutadas, encarceladas, decapitadas, agredidas e insultadas por violentar reglas mahometanas de conducta y/o por violentar el satánico Derecho Islámico.

Introducción

El islamismo es, por decir lo menos, una religión violenta, discriminante, machista, intolerante, pendeja y, en numerosas ocasiones, peligrosa. Además, no podemos perder de perspectiva que —en el presente— el islamismo es la religión más malvada que existe; y decimos en el presente porque en el pasado, el cabrón y sangriento cristianismo ocupó esa notoria posición.

No hay duda alguna que en la actualidad, muchas de las pendejadas del islamismo han penetrado dentro de la vida social. Además, no podemos pasar desapercibido que el mahometismo ha contaminado seriamente el estado de Derecho de muchísimos países. Esto ha ocasionado que el Derecho vigente de esos países esté lleno de normativas jurídicas basadas en postulados del satánico mahometismo. A su vez, ha ocasionado que el cuerpo jurídico de esos países esté lleno de normativas discriminantes, abusivas, machistas, restrictivas, indignas, violentas, absurdas y, en muchas ocasiones, cabronas.

Valga saber, además, que el fin principal del satánico Derecho Islámico es restringir severamente las libertades de las personas, especialmente: la libertad de presa, la libertad de expresión, el derecho a reunirse en asambleas pacíficas, la libertad de culto y la libertad de educación. Por eso es que estamos de acuerdo con **Geert Wilders**, diputado del parlamento de los Países Bajos, cuando manifiesta que el discriminante, violento y abusivo mahometismo es «el enemigo de la libertad.»[i]

En fin, podemos decir sin lugar a la exageración que el Derecho Islámico es, por decir lo menos, un serio atentado en contra del libre desarrollo de la personalidad del individuo y, sobre todo, un grotesco atentado en contra de la vida social del individuo.

Habiendo dicho eso, es de saber que el contenido de este libro versa sobre el islamismo y, principalmente, sobre el Derecho Islámico que afecta a millones de personas en muchos países. Ahora bien, es importante aclarar que la mayoría del contenido de este libro gira en torno a las normativas jurídico-islámicas que existen en muchos de los países mahometanos. Además, el libro tiene la intención de exponer y analizar muchas de esas normativas jurídicas.

Capítulo uno
El satánico Islam

I. Introducción al satánico Islam

De entrada, es preciso comenzar señalando que Islam significa, en apretada síntesis, grave embrutecimiento mental y destrucción de las libertades individuales. Eso lo decimos tomando en cuenta que «la palabra Islam quiere decir entrega, abandono de sí mismo a Allah. El Islam es la sumisión a Allah» sin cuestionamientos.[ii]

Por su parte, musulmán significa, en apretada síntesis, «persona que profesa y practica el Islam...» En árabe se denomina muslim, que significa el que se somete a Dios.[iii] Pero eso es lo que establece el diccionario. Si nos movemos a la dimensión real, nos percataremos que musulmán significa, en pocas palabras, persona que se somete —voluntariamente o a la fuerza— a las «idiotizantes», discriminantes y violentas prácticas del islamismo.

Con lo anterior en mente, es de saber ahora que en el satánico islamismo, particularmente en el islamismo radical, todos los creyentes —unos más que otros— tienen que abandonar: (1) muchos de sus sueños; (2) muchos de sus derechos humanos; (3) muchas de sus metas; y (4) muchos de sus deseos. Además, no podemos olvidar que el mahometano promedio —el que practica el mahometismo de severa y mediana intensidad— viene obligado a respetar y obedecer todas aquellas normativas islámicas —sociales o legales— que sean promulgadas por autoridades religiosas competentes. Así ocurre, aunque las normativas que vengan obligados a respetar y obedecer en el nombre de la inexistente cosa esa llamada Alá, sean inmoderadas, discriminantes, absurdas, violentas y pendejas.

Ahondando más en lo anterior, valga saber que ese sometimiento a las satánicas normas mahometanas —legales y sociales— es tan fuerte para los practicantes del islamismo de mediana y severa intensidad, que no pueden cuestionar ninguna normativa social o legal que esté basada en el macabro mahometismo. Si algún mahometano se atreve a levantar cuestionamientos, se expone a ser severamente sancionado por la vía social o por la vía penal. En este último caso —por la vía penal— ello puede ocurrir únicamente en los países en donde el satánico islamismo es la religión oficial.

Todo eso se debe a que los mahometanos entienden que las reglas de conducta mahometanas —sociales, legales y administrativas— que están basadas en los principales libros del Islam, han sido establecidas por la inexistente cosa esa llamada Alá. De esta forma, el mero hecho de cuestionarlas o desobedecerlas, se consideran actuaciones contrarias a los divinos deseos de la inexistente cosa esa llamada Alá. Al respecto, es de público conocimiento que para todos los mahometanos, — mayormente para los practicantes del Islam de mediana y severa intensidad— «el deber del ser humano es obedecer la ley de Dios tal y como la ha revelado a través de su profeta, sin intentar entender las razones de sus decisiones».[iv]

Otra cuestión que es indispensable señalar, es que el fin primordial del satánico mahometismo siempre ha sido expandirse por todo el mundo, en aras de imponerle los valores mahometanos a la mayor cantidad de personas posibles. Para los mahometanos fundamentalistas, siempre ha sido indispensable que el mundo se someta al Islam y a las reglas de conducta establecidas en el Corán. De hecho, no podemos obviar que el diabólico libro ese llamado el Corán declara con marcada claridad, «que reformar la Tierra es el ideal que debe guiar todo esfuerzo humano».[v]

Y si tomamos en cuenta lo antes dicho y lo utilizamos para analizar la sucia y aburrida realidad, nos percataremos de que la inmensa mayoría de los líderes religiosos del Islam —especialmente los que pertenecen a la versión estricta del Islam— y todos los fundamentalistas del Islam lo que desean y buscan es: (1) abolir las libertades; (2) abolir los derechos humanos; (3) abolir las cartas de derechos; y (4) abolir todo sistema democrático, como el que rige la vida en Puerto Rico, en Estados Unidos de América, en Francia, entre otros países realmente democráticos. Por eso, es correcto decir que en estos contaminados días, el mahometismo intenta reformar al mundo —particularmente al mundo Occidental— de la «pocavergüenza» social que le arropa.

Las razones para ello es que para el moderno islamismo: (1) la democracia, las libertades individuales y los Derechos Humanos son aberraciones que deben ser eliminadas; y (2) existe un inexistente mandato divino de dominar al mundo entero, especialmente a aquellos países que han agredido al Islam. Por eso, no vacilo en declarar que ahora, más que nunca, los fundamentalistas y los líderes religiosos del Islam —especialmente los que practican y pregonan el Islam severo y de mediana intensidad— desean establecer un nuevo orden islámico en el mundo.

Habiendo dicho lo anterior, tenemos que decir que estamos de acuerdo con **Geert Wilders**, diputado del parlamento de los Países Bajos, cuando manifiesta que «la ideología islámica tiene como principal objetivo la destrucción de lo que nosotros más preciamos, nuestra libertad.»[vi]

II. Los cinco pilares del Islam

Por otro lado, es de saber que el Islam tiene cinco pilares religiosos sumamente importantes. Estos pilares son los siguientes:

    (a) Profesión de Fe

    (b) Oración

    (c) Limosna

    (d) Ayuno o Ramadán

    (e) Peregrinación a la ciudad de la Meca

A. Profesión de fe

Ahora, vamos a ver con más detalle estos cinco pilares. El primer pilar que vamos a discutir es el que se llama profesión de fe. Al respecto, valga saber que de los cinco pilares que tiene el mahometismo, ese es el más importante. A tal punto, que la comunidad mahometana siempre ha manifestado que la profesión de fe «es el punto clave de la creencia islámica, la piedra fundamental del Islam.»[vii]

Sobre este mismo asunto, cabe señalar: (1) que a través de la profesión de fe la persona se convierte, por así decirlo, en un mahometano; y (2) que la profesión de fe es una acción sumamente sencilla, pues lo único que tienen que hacer los mahometanos es decir que «no hay más Dios que Allah y Mahoma es su profeta.»[viii]

B. Oración o Salah

Por otro lado, orarle todos los días a la inexistente cosa esa llamada Alá, es otro de los pilares dentro del discriminante, violento y autoritario mahometismo. Pero no es una sóla oración durante el día; los mahometanos tienen la obligación de «rezar cinco veces al día: al amanecer, al mediodía, a la media tarde, a la puesta del sol y en los comienzos de la noche.»[ix]

Otro dato interesante sobre las oraciones mahometanas es que se tienen que realizar en un lugar limpio y, además, las personas que las hagan también deben estar limpias, como regla general. Cónsono con lo anterior, al hacer las oraciones los mahometanos tienen que realizar ciertos movimientos corporales, como por ejemplo: «pararse, inclinarse, postrarse y sentarse.»[x]

Esas no son las únicas reglas existentes a la hora de realizar las oraciones mahometanas. Valga saber que dichas oraciones:

(1) siempre tienen que estar basadas en recitaciones del Corán; y

(2) deben realizarse en el lenguaje árabe.[xi]

Otro dato interesante sobre las oraciones mahometanas, es que únicamente se le ora a un inexistente ser divino llamado Alá. Es decir, los mahometanos no se pasan orando a los ángeles divinos, a divinas vírgenes paridoras de muchachitos, a poderes esotéricos, a espíritus santos —entre otros embelecos religiosos— toda vez que para ellos, la inexistente cosa esa llamada Alá, no «tiene compañeros o socios.»[xii]

C. Limosna o Zakat

Por otro lado, es harto conocido que el islamismo le enseña a las personas a ser hipócritas e interesadas. Nos explicamos: el satánico islamismo le enseña a las personas que las ayudas que se le deben brindar a los más necesitados, se deben brindar interesadamente y no por compasión. Ello lo decimos, porque a los mahometanos y a las mahometistas se les enseña desde temprana edad, que si quieren llegar a su inexistente paraíso una vez mueran —en donde serán recompensados y recompensadas con la inexistente vida eterna y en el caso de los hombres, vida eterna con vírgenes que tienen tetas grandes y jugosas— tienen que dar limosnas. Pero eso no es todo, valga saber que ese pilar del Islam también les dice a los mahometanos ricos, que si quieren que sus fortunas sean legítimas y purificadas, deben dar limosnas.[xiii]

D. Ayuno o Ramadán

Por otra parte, otro de los pilares del Islam es ayunar durante todo un mes. Sobre el particular, es de saber que ese ayuno mahometano les prohíbe a los mahometanos comer, mascar chicle y beber desde el amanecer hasta la puesta del Sol. Además, durante ese ritual los mahometanos tampoco pueden: (1) fumar; (2) tener relaciones sexuales; (3) masturbarse; (4) o cometer actos mahometanamente pecaminosos.[xiv]Ahora bien, es substancial aclarar que no todos los mahometanos tienen que cumplir con dichos ayunos. Así, por ejemplo, los enfermos y los niños no tienen que realizar el Ramadán o ayuno mahometano. [xv]

Ismael Leandry Vega

Nótese que líneas arriba indicamos que los mahometanos[1], mientras se esté llevando a cabo el Ramadán, no pueden tener relaciones sexuales desde el amanecer hasta la puesta del Sol. Sin embargo, valga saber que la exigencia de no tener relaciones sexuales se ha modificado significativamente. Ahora, los hombres y las mujeres mahometanos, también tienen prohibido durante el término antes indicado, pensar lujuriosamente.

Para ayudar a los hombres mahometanos a no pensar lujuriosamente durante el mes del Ramadán, sépase que las discriminantes y machistas normativas de conducta mahometanas establecen lo siguiente: que las mujeres no pueden maquillarse ni perfumarse «para evitar a los hombres cometer el pecado de lujuria con el pensamiento».[xvi]

E. Peregrinación

Por otro lado, es de saber que otro de los pilares del antidemocrático mahometismo es la peregrinación a la ciudad de La Meca. Ese pilar debe ser cumplido por todo musulmán, por lo menos, una vez durante su vida. Pero no sólo es llegar hasta allí, pues los mahometanos también tienen que realizar unos cuantos estúpidos y pendejos ritos al llegar a ese lugar. De cierta manera, la peregrinación a La Meca es todo un rito.

Conforme a esto, es importante apuntar que, entre los pendejos y estúpidos actos religiosos que tienen que realizar los mahometanos al llegar a la ciudad de La Meca, se encuentra uno que nosotros le llamamos las vueltas del imbécil. Dicho ritual

---

[1]Nota de Editor: En el texto la palabra mahometano incluye tanto al hombre como a la mujer que practica este sistema de creencias, excepto cuando se refiere expresamente a un género en particular.

comprende «dar siete vueltas a la Kaaba, correr por siete veces a paso ligero entre los dos túmulos próximos al santuario, separados entre sí unos 400 metros».[xvii]

F. Yihad

Por otro lado, resta decir que en el mahometismo existe un pilar que está solapado. Dicho pilar, llamado la yihad o Guerra Santa, «designa la lucha por el objetivo islámico de 'reformar la Tierra' *que puede englobar el uso de la violencia* y la utilización> de ejércitos si fuera necesario».[xviii]

Teniendo en mente lo anterior, es de saber que en estos tiempos el significado de *yihad* se ha modernizado y es utilizado para defender al mahometismo de los ataques intelectuales que se le realizan, tanto de ataques individuales como de ataques colectivos. Así, por ejemplo, hay grupos fundamentalistas del Islam que han llamado a realizar una *yihad* en contra de ciertas personas jurídicas, como por ejemplo, en contra de periódicos, revistas y otras corporaciones que han ofendido al Islam.

Pero eso no es todo, valga saber que en todos los países mahometanos hay grupos de fanáticos que utilizan la *yihad* para combatir las influencias extranjeras y las influencias de religiones minoritarias. Así, ha habido muchísimos casos en varios países mahometanos en donde varios grupos de fanáticos del Islam han llamado a realizar la *yihad*: (a) en contra de los cristianos y de los hindúes; (b) en contra de ciertos países —valga saber que para los fanáticos mahometanos, las embajadas son territorio de los países extranjeros— y (c) en contra de todo aquello que represente culturas extranjeras de carácter mahometanamente pecaminosas.[xix].

Podemos decir, de cierta manera, qué en estos contaminados tiempos de la modernidad, la yihad se ha convertido en una obligación que tiene todo mahometano de luchar en contra de todo aquello que sea vicioso, dañino, ofensivo y contrario a las enseñanzas del Islam.

Habiendo discutido lo anterior, debemos hacer la siguiente observación: no se puede negar que a través de los siglos, el macabro mahometismo ha fomentado y permitido que millones de desquiciados hayan realizado acciones violentas, discriminantes, abusivas y asesinas a través de múltiples llamados a la yihad. Por eso, no es exagerado decir que «la historia del Islam es la estela de una guerra santa o yihad...».[xx]

Ahondando un poco más, es menester indicar que el mahometismo ha realizado, a través de los siglos, un excelente trabajo de embrutecimiento mental para que muchos de sus seguidores se hayan envuelto en macabros llamados de yihad. Esa excelente labor la han realizado al establecer y pregonar que los libros sagrados del satánico mahometismo recompensan divinamente a los participantes de la grotesca yihad. Es decir, le han dicho a los «yihadistas» que, si mueren al realizar una acción relacionada con una yihad, tendrán un boleto garantizado al inexistente paraíso mahometano en donde les espera la inexistente vida eterna; en el caso específico de los hombres, como dijimos antes, les espera una inexistente vida eterna en un inexistente paraíso que tendrá muchas mujeres vírgenes con tetas grandes y jugosas.

Por eso, no debe ser sorpresa para nadie, que a través de la violenta historia del mahometismo, siempre hayan existido pendejos dispuestos a cometer acciones violentas a través de la *yihad*.

III. La mujer en el Islam

De otra parte, es de suma importancia recordar que «*la violencia religiosa* está presente en la vida diaria de las mujeres a través de mitos sobre la sexualidad, la maternidad como única opción de vida, la sumisión a los hombres.»[xxi] En el satánico mahometismo, la violencia y la estupidez mahometana están presentes en la vida de las mujeres mahometanas de manera bien significativa. Tanto así, que no es exagerado decir que en el mahometismo las mujeres son, como regla general: (1) meros objetos sexuales; (2) meros objetos dedicados a cuidar niños; y (3) meros objetos que se tienen que dedicar a ser amas de casa.

En fin, en el satánico y machista mahometismo —especialmente en el de severa interpretación— las mujeres son propiedad de los hombres. Esto ocurre porque los macabros libros principales del Islam establecen, por así decirlo, una «esclavitud divinamente ordenada de la mujer por parte del Islam...».[xxii]

Además de lo anterior, todos sabemos que el sometimiento de las mujeres mahometanas a la voluntad de los hombres ocasiona que las primeras tengan que cumplir con un sinnúmero de reglas mahometanas —sociales y legales— que son, por decir lo menos, discriminantes, abusivas, machistas y pendejas.

Así, por ejemplo, las mujeres mahometanas vienen obligadas —por ley y/o por normas religiosas

Ismael Leandry Vega

que favorecen a los hombres— a tener que utilizar unos ridículos velos mahometanos cada vez que salen a la luz pública. Valga saber que dichos discriminantes y ridículos velos varían de lugar a lugar. Así, por ejemplo, en los países en donde el Islam no es tan fuerte, las damas tienen que usar un hijab. Esto es, un velo que «cubre el cabello y, normalmente el cuello. Se puede acompañar de ropa occidental o de una abaya (túnica)».[xxiii]

Véase a una mujer mahometana utilizando una burka.[xxiv]

Sin embargo, en los países en donde el mahometismo es fuerte y abusador con las damas, estas últimas vienen obligadas a utilizar un *Niqab*. Esto es un grotesco e indigno velo «que sólo deja sin tapar los ojos».[xxv] Ahora bien, es justo señalar que hay un país mahometano en donde las damas mahometanas no vienen obligadas a utilizar los ridículos velos mahometanos. Es decir, que la utilización de los velos mahometanos es una opción que ellas tienen y dicho país es, aunque usted no lo crea, Kuwait.[xxvi]

Otra cuestión que hay que tener en cuenta, es que en casi todos los países islámicos: (a) las mujeres tienen que vestirse como a los hombres les plazca; y (b) tienen que utilizar los accesorios de vestimenta —zapatos, maquillaje, correa, pantalones, camisas, ropa interior, entre otros accesorios— que les plazca a los hombres.

Ejemplo de un hijab

Además de lo anterior, es indispensable conocer que en casi la totalidad de los países mahometanos las mujeres vienen obligadas a seguir unas reglas educativas que son absurdas y discriminantes. Así, en esos países, el mahometismo fomenta que los niños y las niñas sean educados separadamente. Sin embargo, en los países en donde el islamismo que se practica es el severo, los mahometanos no desean que las niñas reciban educación escolar. Esa norma social-religiosa es tan fuerte, que los fundamentalistas están decididos a utilizar la violencia en aras de que se cumpla.

El asunto que estamos discutiendo, nos hace pensar en un incidente que ocurrió en Pakistán. Allí, en el año 2007, varios mahometanos que no tenían nada mejor que hacen con sus insignificantes vidas, detonaron «una bomba a las puertas de una escuela femenina. Su valerosa ira fue provocada por la noción de que las niñas deban aprender a leer y escribir. También eso, pensaron, es un insulto para el Islam».[xxvii]

Pero eso no es todo. En algunos países islámicos, los progenitores no permiten que sus niñas jueguen con niños. Tampoco lo permiten los pendejos fundamentalistas y —en este último caso— es bien peligroso,. ya que los fundamentalistas mahometanos están dispuestos a utilizar la violencia en aras de que se cumpla con sus preceptos. •

Otra cuestión que no podemos pasar por alto, es que en casi todos los países mahometanos las mujeres no pueden salir a las calles pacífica y organizadamente: (a) para exigir a los gobiernos que enmienden todas aquellas leyes que sean discriminatorias y abusivas en contra de ellas; (b) para protestar por los tratos discriminantes y abusivos que reciben por parte de los hombres; ni (c) para exigirles a los gobiernos que aprueben leyes que garanticen la igualdad entre los sexos.

Esta cuestión que estamos discutiendo nos hace recordar un incidente que ocurrió en Irán. Allí, en el año 2008, varias mujeres fueron arrestadas, encarceladas y azotadas —con látigos— por el simple hecho de haber reclamado «el cumplimiento de sus derechos e igualdad ante los hombres...».[xxviii]

Otra cuestión que no podemos pasar por alto, es que en muchos de los países mahometanos los hombres son los que deciden cuándo y dónde se obtendrá placer sexual. Es decir, las mujeres vienen obligadas a tener relaciones sexuales con sus maridos cuando estos últimos decidan, y ello, so pena de ser castigadas.[xxix]

A tono con lo anterior, corresponde destacar también el hecho de que la mayoría de las mujeres que se han casado con hombres mahometanos han sido víctimas de violencia doméstica. Conforme a esto, valga saber que las probabilidades de que las mujeres sean víctimas de violencia doméstica aumentan considerablemente cuando viven con sus esposos en países mahometanos. Dichas probabilidades aumentan más todavía si viven con sus esposos en países islámicos en donde se hacen interpretaciones estrictas de los principales libros del Islam.

En armonía con lo anterior, valga saber que en los países democráticos, republicanos y libertarios —como Estados Unidos de América, Puerto Rico, Reino Unido, Francia, entre otros— ocurren muchísimos actos de violencia doméstica entre las parejas mahometanas. A eso hay que agregar, que la mayoría de esos incidentes domésticos: (1) ocurren dentro de las parejas que pertenecen a las clases socioeconómicas de mediana y elevada categoría; y (2) son cometidos por los hombres.

Lo antes escrito, nos hace recordar un caso que ocurrió en Estados Unidos de América. Allí, en el año 2008, un millonario mahometano que era dueño de una estación televisiva, constantemente cometía actos de violencia doméstica en contra de su esposa. Un buen día, la abusada esposa radicó una demanda de divorcio en contra de su maltratante y millonario esposo en un tribunal de los Estados Unidos de América, lo que provocó que el millonario maltratante: (1) se enfureciera; y (2) le cortara la cabeza a su esposa.[xxx]

Dentro de lo antes discutido, valga saber que un asunto que contribuye a que ocurran incidentes de violencia doméstica entre parejas mahometanas que viven en países democráticos, libres y republicanos, es la falta de modificación de los pensamientos islámicos medievales. Nos explicamos. Muchos de los hombres mahometanos que nacieron y vivieron en los países mahometanos aprendieron: (1) a tratar a sus esposas de una manera despectiva y abusiva; y (2) a tratar a las mujeres en formas abusivas y discriminantes.

Entonces, cuando esos hombres mahometanos se mudan a países democráticos, republicanos y libertarios —como Estados Unidos de América, Puerto Rico, Reino Unido, Francia, entre otros— pretenden seguir comportándose con sus esposas de la misma manera en que lo hacían en los países mahometanos. De cierta manera, podemos decir que esos hombres mahometanos no pueden o no quieren ajustar la mayoría de sus arcaicos pensamientos medievales islámicos a las realidades de los países libres, republicanos y democráticos.

Estos son los hombres mahometanos que una vez llegan a suelo libre y democrático, entre otros actos: (1) obligan a sus esposas a utilizar los discriminantes, indignos y pendejos velos mahometanos; (2) no permiten que sus esposas salgan de sus hogares sin sus permisos; y (3) no permiten que sus esposas compartan con amigos varones, a menos que sean familiares cercanos.

Con relación a lo anterior, es notable mencionar que las conductas señaladas: (1) son legales en la inmensa mayoría de los países mahometanos; y (2) son ilegales en los países libres, democráticos y republicanos —como en Puerto Rico, Estados Unidos de América, Francia, Reino Unido, entre otros—. De conformidad con esto, es importante tener claro que muchas de las reglas mahometanas que se utilizan dentro de los matrimonios mahometanos en los países islámicos son, sin más, actos de violencia doméstica en los países libres, democráticos y republicanos.

Por último, es de saber que en la mayoría de los países mahometanos, el Derecho Islámico establece que «*la mujer vale la mitad que un hombre*». Lo que es, por decir lo menos, una aberración jurídica de primer orden, ya que eso permite que se cometan grandes injusticias en contra de las mujeres, especialmente en el Derecho Penal. Nos explicamos con un ejemplo:

El Derecho Islámico de Irán, claramente establece lo que dijimos anteriormente. Eso ocasiona, en el Derecho Penal, que los tribunales impongan a los hombres delincuentes la mitad de la pena establecida en los delitos cuando las víctimas son mujeres. En cambio, si los hombres son víctimas de las mujeres, entonces los tribunales les imponen a las delincuentes el máximo de la pena establecida. [xxxi]

Capítulo dos
El Satánico Derecho Islámico

I. Introducción al Derecho Islámico

Por otro lado, es importante aclarar que en todos los países islámicos existen normativas jurídicas basadas en los principales libros del Islam. A dichas normativas jurídicas, es a lo que llamamos el Derecho Islámico. Aclarado ese asunto, es meritorio señalar que en todos los países islámicos, las penas que establece el Derecho Penal Islámico son, aunque parecidas, diferentes. Esto es así, porque cada país aplica el Derecho Islámico Penal a su manera. Lo mismo podemos decir con el satánico Derecho Islámico Civil.

En esta zona, cabe señalar que en todos los países mahometanos, lo que determina la severidad del Derecho Islámico —penal, civil y administrativo— son, en lo fundamental: (1) las interpretaciones que se realizan del Islam; y (2) el grado de embrutecimiento mental de los líderes gubernamentales y de los guías religiosos más influyentes. Así, por ejemplo, en los países en donde la interpretación del Islam se hace de manera estricta por parte de clérigos y funcionarios gubernamentales —severamente fanatizados y embrutecidos con mahometismo— el Derecho Islámico tiende a ser bien severo y restrictivo.

Ilustrativo de lo que venimos discutiendo es lo que ocurre en la actualidad en Arabia Saudita. Allí, se «sigue una interpretación estricta del Islam que establece que las personas condenadas por homicidio, narcotráfico, violaciones y robo a mano armada pueden ser ejecutadas.»[xxxii] En cambio, en los países en donde la interpretación del Islam no es tan estricta, los delitos señalados se penalizan con cárcel, con multas y/o con latigazos.

Ahora bien, independientemente de la severidad del Derecho Islámico que rige en cada país mahometano, el fin de ese satánico Derecho es el mismo en todos ellos: (a) establecer en todos los escenarios de la vida un modelo de vida islámico; y (b) proteger los modelos de vida islámicos de las influencias extranjeras y de las influencias de las religiones minoritarias. En fin, debe quedar más que claro, que «la idea de un modelo de sociedad islámica se basa en la creencia de que todas las esferas de la vida —espiritual, ritual, política y económica— constituyen una unidad indivisible que debe estar imbuida por completo de los valores islámicos».[xxxiii]

Por otro lado, cabe señalar que en todos los países mahometanos, el Derecho Penal Islámico tiene una característica en común: que las penas que se han establecido para gran cantidad de delitos no son proporcionadas. En otras palabras, no hay proporcionalidad entre delito y pena. Sobre esto se puede utilizar como ejemplo un caso que ocurrió en Arabia Saudita. Allí, en el año 2008, un jovencito de diecinueve años de edad fue sentenciado a recibir dos mil latigazos y a permanecer en prisión por quince años: (1) porque amenazó a una dama; y (2) porque le tomó —a la misma dama— una fotografía a la fuerza.[xxxiv]

Otro ejemplo sobre lo que venimos discutiendo proviene de los Emiratos Árabes Unidos. Allí, el Derecho Islámico —específicamente el *artículo 313 del Código Penal Federal*— establece que toda persona que beba o consuma alimentos mientras se

Ismael Leandry Vega

esté llevando el Ramadán o ayuno religioso, será multada y/o encarcelada por un mes.[xxxv]

Por otro lado, es harto conocido que en los países en donde se respetan los Derechos Humanos, toda persona tiene el derecho de confraternizar pacíficamente con cualquier persona en la libre comunidad. Pues bien, valga saber que otra macabra característica del Derecho Islámico, es que penaliza asuntos que pertenecen al ámbito libertario de cada persona. Es decir, el Derecho Islámico penaliza asuntos que —bajo las normativas internacionales— se consideran Derechos Humanos inalienables. Así, por ejemplo, en gran cantidad de los países islámicos, el Derecho Islámico prohíbe la confraternización de hombres con mujeres, a menos que sean familiares por afinidad o consanguinidad.[xxxvi]

Además, todos sabemos que la *paidofilia* es la «atracción erótica o sexual que una persona adulta siente hacia niños o adolescentes.»[xxxvii] También sabemos que la *pederastia* es el «abuso sexual cometido con niños.»[xxxviii] Pues bien, valga saber que en la inmensa mayoría de los países mahometanos, por ejemplo, en Arabia Saudita y en Afganistán, el Derecho Islámico fomenta y permite la paidofilia, la pederastia, la pornografía infantil y la sodomía de menores de edad.

La razón por la cual decimos lo anterior es, principalmente, porque en la inmensa mayoría de los países mahometanos, es común que observemos leyes y decisiones judiciales que les permiten a los hombres mahometanos —aunque sean unos viejos decrépitos— casarse con niñas que todavía juegan con muñecas y en los columpios. Es decir, con niñitas de apenas nueve años de edad. Es buena prueba de esto un caso que ocurrió en Arabia Saudita. Allí, en el año 2009, un satánico juez del **Tribunal de Anidh**, declaró «válido el casamiento de un hombre de más de 50 años con una niña de nueve...».[xxxix]

Habiendo discutido lo anterior, tenemos que decir que muchos mahometanos que viven en los países islámicos, especialmente los que viven en países en donde se realizan interpretaciones estrictas de los libros sagrados: (1) desean que las leyes —civiles y penales— sean discriminantes, desproporcionadas, abusivas, machistas y, en ocasiones, absurdas; y (2) desean que las ejecuciones de las penas se hagan de maneras morbosas, abusivas, indignas y burdas.

Sobre el punto número dos, valga saber que decimos eso porque en la mayoría de los países mahometanos: (1) las imposiciones de las penas físicas —latigazos, cortes de cabezas por sable y ahorcamientos— tienden a ser en público; y (2) a gran cantidad del populacho le encanta participar —activa o pasivamente— en los actos de imposiciones de penas. Así, por ejemplo, en algunos países mahometanos es común poder observar cómo muchos civiles —personas que no son funcionarios públicos— participan alegremente de una lapidación.

En consonancia con lo anterior, es de saber que en algunos países mahometanos, el morbo a la hora de ejecutar las penas que establecen los tribunales está cabrón. Decimos esto, porque en algunos países mahometanos el Derecho Islámico establece que si un condenado a muerte logra escapar antes de su ejecución, tiene que ser perdonado y liberado. Esa morbosidad penal

Ismael Leandry Vega

ocasiona que, durante los procesos que se realizan antes de las ejecuciones de los confinados, estos últimos realicen un sinnúmero de acciones en aras de escapar.

Así, por ejemplo, hay confinados: (a) que patean a los guardias y a los verdugos; (b) tratan de romper las cadenas o las sogas que atan sus manos; (c) tratan de escapar corriendo; (d) escupen a los guardias y a los verdugos; (e) pelean con los guardias y con los verdugos; y (e) forcejean con los guardias y con los verdugos. Mientras todo eso ocurre, el populacho que observa se divierte de lo lindo, al punto de que le dan ánimo a los confinados para que logren escapar.

Habiendo discutido la asquerosidad anterior, es de saber que el satánico Derecho Islámico de Irán establece, como señalamos antes, que si un condenado a muerte a través de un proceso de lapidación logra escapar antes de su ejecución, «se le perdona la vida.»[xl]

Por otro lado, un asunto que debe saberse, es que el satánico Derecho Islámico que está vigente en la mayoría de los países mahometanos, es bien severo con los delincuentes juveniles. Esto llega al punto de que en algunos: (a) se permite la ejecución de ciertos delincuentes juveniles; y (b) permiten que se sentencie a cadena perpetua a ciertos delincuentes juveniles. Dicho esto, hay que añadir que en algunos países mahometanos, la razón para que los delincuentes juveniles sean ejecutados o encarcelados perpetuamente, es que: (1) son homosexuales; o (2) tuvieron relaciones sexuales con una mujer sin estar casados.

Sobre esto que estamos discutiendo, se puede dar como ejemplo un caso que ocurrió en Irán. Allí, en el año 2006, el sistema de justicia criminal ejecutó a una adolescente de apenas dieciséis años de edad porque tuvo relaciones sexuales sin estar casada.

Teniendo en mente el grotesco ejemplo anterior, valga saber que el *Código Penal de Irán* establece que, en el nombre de la inexistente cosa esa llamada Alá, el Estado puede ejecutar a niños mayores de quince años y a niñas mayores de nueve años, por cometer los delitos de homosexualismo y de fornicación (tener relaciones sexuales sin estar casados).[xli]

En ese sentido, es de saber que en algunos países mahometanos, los funcionarios gubernamentales pueden ejecutar a las personas que, cuando eran meros niños, cometieron delitos penados con la pena de muerte. Buena prueba de esto es lo que ocurre en Arabia Saudita. Allí, el satánico Derecho Islámico permite que ciertos funcionarios públicos del sistema de justicia criminal encarcelen o ejecuten a jóvenes mayores de dieciocho años de edad que, cuando eran menores, fueron arrestados por cometer el delito de homosexualismo.[xlii]

Por último, nos parece atinado recordar aquí, que *en casi todos* los países mahometanos, en aras de solidificar el satánico mahometismo, se ha escrito en las constituciones y/o en las leyes, que el violento, discriminante e intransigente Islam es la religión oficial. Un ejemplo muy ilustrativo de esto proviene de la República Democrática y Popular de Argelia. Al respecto, valga saber que la mayoría de los habitantes de ese país —que se encuentra en el norte del continente africano— practican la religión mahometana. Eso ha hecho que los gobernantes de

Argelia hayan violado la doctrina jurídica de separación entre la Iglesia y el Estado, hasta el extremo de que en un momento dado permitieron que se escribiera en la Constitución que el violento y discriminante «*Islam es la religión del Estado*».[xliii]

II. Fuentes del Derecho Islámico

Es de conocimiento público que en los países mahometanos religión y Derecho van de la mano. Tanto así, que la inmensa mayoría de las normativas jurídicas —leyes, ordenanzas municipales, jurisprudencias, reglamentos, entre otras— están basadas en normativas religiosas.

Al respecto, valga saber que en todos los países mahometanos, son varias las fuentes religiosas que se utilizan para aprobar normativas jurídicas. Pero, para efectos de este libro, analizaremos a continuación las que provienen del Corán, de la sharia o ley islámica y, sobre todo, las que provienen de las fatuas. Además, también analizaremos de manera breve los "tribunales" tribales que existen en algunas zonas remotas de algunos países mahometanos, ya que para la mayoría de las personas que viven en dichas remotas zonas, las decisiones que emiten dichos "tribunales" tribales tienen validez social.

A. El Corán

La primera fuente del Derecho Islámico es el Corán, el libro sagrado del mahometismo. Para el musulmán promedio, las reglas de conducta que están establecidas en el Corán deben respetarse y seguirse sin vacilaciones. Esto es así porque «los musulmanes consideran el Corán como la palabra eterna e 'increada' de Dios, revelada a Mahoma por medio de Gabriel, el arcángel de la revelación.

Creen que su autor es el mismo Dios y no el Profeta, por lo que el Corán es inimitable e infalible».[xliv]

Ahora bien, si analizamos el Corán profundamente, notaremos que es, por decir lo menos, «un libro 'fascista' que incita a la violencia.»[xlv] Además, es un libro que fomenta el discrimen, el abuso y el maltrato hacia la mujer. Pero eso no es todo. El Corán es un libro religioso que fomenta la coartación de las libertades y de los derechos humanos.

Por otro lado, es de rigor señalar aquí lo siguiente: los mahometanos están tan perturbados con su religión, que entienden que el Corán es un libro de instrucciones y cuentos producido por la inexistente cosa esa llamada Alá. Pues bien, valga saber que en todos los países mahometanos: (1) está prohibido romper de manera intencionada un libro del Corán; y (2) los mahometanos consideran que romper de manera intencional el Corán es una gravísima ofensa, tanto así, que muchas personas que han tenido la valentía de realizar el acto han sido multadas y/o encarceladas. Ahora bien, no se puede dejar de mencionar que ha habido personas que, al romper un Corán de manera pública e intencionada, no han tenido el beneficio de ser arrestadas y encarceladas, pues las satánicas turbas mahometanas las han asesinado sin misericordia.

Lo antes dicho nos hace recordar un caso que ocurrió en Argelia; allí, el **artículo 160 del Código Penal de Argelia** «estipula penas de prisión de 5 a 10 años para quien voluntariamente y en público destruya, mutile, degrade o profane el libro sagrado.»[xlvi] Pues bien, valga saber que el **Tribunal** *de Primera Instancia de Argelia*, en el año 2008, sentenció a una mujer a cumplir diez años de prisión por tratar de romper un Corán.

No hay duda que lo que hemos discutido claramente demuestra la importancia que tiene el Corán para los mahometanos, especialmente para los fundamentalistas. Por eso no nos debe sorprender: (1) que millones de mahometanos estén dispuestos a causarles daños legales y/o físicos a todas aquellas personas que mutilen, destruyan o profanen un Corán; y (2) que en todos los países mahometanos se considere un delito de carácter grave el destruir, mutilar o profanar un Corán.

B. La Sharia

Por otra parte, es de saber que la *Sharia o ley islámica* --que es otra fuente de Derecho dentro del Derecho Islámico-- está basada en el Corán, en las decisiones de los estudiosos del Islam y en el libro de ejemplos y dichos de Mahoma. A su vez, debe tenerse en cuenta que esta fuente del Derecho Islámico «cubre temas que incluyen culto, acuerdos comerciales, matrimonio y *leyes penales*. Está implementada en grados variables en los países musulmanes».[xlvii]

Nótese que del texto se desprende que la sharia cubre leyes penales. Al respecto, es de saber que dicha fuente del Derecho Islámico también establece las penas que se aplicarán a ciertos criminales. Así, por ejemplo, la sharia establece que a los ciudadanos delincuentes que cometan el delito de robo se les debe cortar una mano; si los asaltantes son reincidentes, entonces la sharia les ordena a los verdugos que corten la otra mano.[xlviii]

Otra pena que está establecida en la sharia es la que se le debe imponer a las personas que cometan el delito de apostasía del Islam. Según la sharia, dichas personas deben ser ejecutadas. Otra pena establecida en la sharia o ley islámica, es la que establece que los adúlteros deben ser ejecutados.[xlix]

Ahora bien, como dijimos antes, aunque todos los países mahometanos tienen un Derecho Islámico, no existe un texto de ley islámica (Sharia) que sea fijo en todos los países del mundo. Es decir, con relación a la Sharia o la ley islámica, existen «diferentes interpretaciones dependiendo del país.»[l] Pero, sea como fuere, la ley islámica o sharia que rige en todos los países islámicos es discriminante, inhumana, abusiva, antidemocrática y absurda, toda vez que «bajo la ley islámica se castiga, hasta con la pena de muerte, muchos comportamientos que son...pecado.»[li] Además, la ley islámica es un grave atentado en contra de las libertades del individuo, particularmente, en contra de la libertad de expresión y de pensamiento de las personas.

La razón por la cual decimos esto sobre la satánica ley islámica es, principalmente, porque dicha fuente del Derecho Islámico trata de controlar cada aspecto de la vida de los mahometanos. Es decir, no les deja tomar sus propias decisiones, aún cuando dichas decisiones no sean dañinas para nadie. Sobre este particular, **Ibn Warraq,** autor del libro «*Por qué no soy musulmán*», comenta que bajo las disposiciones de la ley islámica o sharia «el individuo no es libre para pensar o decidir por sí mismo; sólo tiene que aceptar los fallos divinos tal como han sido infaliblemente interpretados por los doctores de la ley.»[lii]

Por último, valga decir que los siguientes países mahometanos aplican fuerte y abusivamente la ley islámica: Afganistán, Irán, Pakistán, Sudán, Arabia Saudita, Emiratos Árabes Unidos, las regiones musulmanas del norte de Nigeria y la provincia de Aceh, en Indonesia.[liii]

C. Las Fatwas o Fatuas

Por otro lado, otra fuente de Derecho dentro del Derecho Islámico son las *fatwas o fatuas*. Valga saber que las fatwas o fatuas son, en apretada síntesis, respuestas que dan los expertos en Derecho Islámico —muchas veces los mismos clérigos del mahometismo— en torno a asuntos que no están resueltos por el Derecho Islámico. «Se trata, pues, de la respuesta a una consulta.»[liv]

Es de aclarar que, aunque las fatuas no se consideran por el Derecho Positivo de los países islámicos como normas jurídicas propiamente, en la práctica, si dichas fatuas son emitidas por los clérigos más prominentes del mahometismo, de cierta forma, se consideran normas en Derecho. Es decir, que los mahometanos más embrutecidos con el islamismo consideran que las fatuas emitidas por los clérigos más importantes del Islam, deben ser obedecidas, respetadas y cumplidas.

Es de rigor señalar aquí que, en algunos países mahometanos, algunas de las fatuas emitidas por los clérigos más influyentes del mahometismo han calado tan hondo dentro de la sociedad que, para que las personas dejen de cumplir con ellas, los tribunales han tenido que emitir sentencias contrarias a dichas fatuas.[lv]

Teniendo en mente lo anterior, debe saberse que el gran problema con las fatuas es que: (a) en muchas ocasiones son, por decir lo menos, estúpidas, incomprensibles, violentas y pendejas; (b) tratan sobre todo tema posible; y (c) interfieren significativamente con la vida privada de las personas. Así, por ejemplo, se han emitido fatuas en donde se dice que los niños mahometanos no deben observar las caricaturas de Mickey Mouse porque son demoníacas. También se han emitido fatuas en donde se ha indicado que tener y poseer esculturas es un pecado que puede llevar a los mahometanos al infierno.[lvi]

Otro asunto problemático con la fatuas es que en muchos países se emiten demasiadas y en muchísimas ocasiones son, además de pendejas, contradictorias. Así, por ejemplo, en una ocasión en Egipto, se emitió una fatua que les prohibía a las parejas mahometanas desnudarse por completo durante las relaciones sexuales. Un tiempo después, otro clérigo mahometano emitió una fatua en donde indicaba que a la hora del intercambio sexual, las parejas mahometanas sí podían desnudarse completamente, pero no podían mirarse los genitales.[lvii]

Ahora bien, es de señalar que no todo es negativo a la hora de hablar de las fatuas, ya que tienen un aspecto positivo. El aspecto positivo es que nos permiten comprender el grado de embrutecimiento mental-religioso que tienen sus promulgadores. Es decir, si vemos que se emite una fatua pendeja, violenta y/o absurda, podemos llegar a la conclusión que su promulgador está severamente embrutecido con islamismo.

Llegado este punto de la discusión, veamos algunas fatuas que son, por decir lo menos, pendejas y/o abusivas. La primera de ellas fue promulgada en Egipto, en el año 2008. Allí, Al Azhar, la principal institución sunita del mundo, emitió una fatua que indica que los mahometanos conversos —los que eran cristianos, budistas, judíos, hindúes y practicantes de otras religiones antes de aceptar el Islam— que abandonen el islamismo en aras de regresar a practicar la religión que practicaban antes de convertirse al mahometismo, deben ser castigados según indica la satánica ley islámica, «lo que puede llegar a acarrearles la pena de muerte.»[lviii]

El segundo ejemplo de una fatua absurda proviene de Arabia Saudita. Allí, «las autoridades religiosas han emitido varias fatuas o dictámenes en los últimos años para prohibir el uso de móviles con cámara incorporada en algunos espacios públicos o en fiestas de boda.»[lix]

Por último, otro ejemplo de una fatua absurda proviene de Irán. Allí, en el año 1989, el poderoso Ayatolá Seyyed Ruhollah Musavi Jomeini, emitió una fatua en contra del escritor anglo-indio **Salman Rushdie**, por haber escrito una novela llamada «los 'Versos Satánicos', en la que critica el Corán». Valga saber que la fatua emitida por el Ayatolá Jomeini, que todavía sigue vigente, les ordena a los mahometanos matar a Rushdie.[lx]

D. Tribunales Tribales

Es harto conocido que la inmensa mayoría de las leyes, antes de convertirse en leyes, primero fueron costumbres bien arraigadas dentro de las sociedades. Por eso es que en todos los Estados, los habitantes —especialmente los nacidos y criados en el lugar— respetan incondicionalmente la mayoría de las normativas jurídicas que nacieron de las costumbres. Siendo ello así, no es aventurado decir lo siguiente: como regla general, «las mejores leyes nacen de las costumbres».[lxi]

Lo anterior es, como expresáramos, una regla general. Para que una cantidad considerable de los habitantes de un Estado, especialmente los jóvenes adultos, respeten incondicionalmente la mayoría de las leyes que nacieron de sus viejas costumbres, dichas leyes tienen que ajustarse a los tiempos. Es decir, las leyes basadas en viejas costumbres tienen que ajustarse a las modificaciones que sufren: (1) las costumbres; y (2) las filosofías de vida de los más jóvenes. De no ocurrir lo anterior, serán normales las violaciones a dichas leyes, particularmente por los más jóvenes.

Habiendo dicho eso, es importante hacer una observación: en algunas zonas de muchos Estados, existen reglas de conducta basadas en costumbres locales que, aunque usted no lo crea, son más respetadas que ciertas leyes. Esto llega al extremo de que gran cantidad de los habitantes de dichas zonas: (a) desobedecen las normativas jurídicas que están en contra de las costumbres; y (b) les enseñan a sus hijos e hijas que, en caso de haber un conflicto entre las leyes y las costumbres, deben obedecer lo que diga la costumbre.

Pues bien, valga saber que en muchos países mahometanos, específicamente en donde la sharia es aplicada de manera estricta, existen zonas tribales en donde los mahometanos han creado, sin tener la bendición del Derecho: (1) sus propios "códigos" de conductas; (2) sus propios "cuerpos policiales"; (3) sus propios "tribunales"; y (4) sus propios "sistemas de gobierno".

Es de advertir que dichos tribunales tribales y dichos cuerpos policiales tribales, no están reconocidos por las autoridades gubernamentales. Son meramente grupos de personas que se organizan en aras de seguir aplicando costumbres mahometanas que son arcaicas y tribales. Abundando sobre esto, valga saber que en la mayoría de las circunstancias, estos sistemas de justicia tribal aplican normas de conducta mahometanas: (a) que han sido declaradas ilegales por los Estados; (b) que a través de los años han perdido el aval de gran cantidad de personas, especialmente de los más jóvenes; y (c) que son, por decir lo menos, demasiado monstruosas.

Para que entienda de una mejor manera lo que venimos discutiendo, veamos un ejemplo que ocurrió en una zona apartada de Pakistán. Allí, en el año 2007, un hombre mahometano que estaba casado agredió sexualmente a una joven. Enterados de ello, los "policías" tribales procedieron a arrestar a la esposa del violador en aras de someterla a la justicia tribal. Entonces, cuando llegó el "juicio", el "magistrado" tribal determinó que la esposa del violador tenía que ser violada por el padre de la niña que fue violada.

Abundando un poco más sobre este abominable caso, valga saber que la razón por la cual la justicia tribal condenó a la esposa del violador y no al violador, es que los monstruosos códigos tribales de honor mahometanos, por sorprendente que parezca, «hacen pagar a la mujer los delitos cometidos por la familia.»[lxii]

En relación con este nauseabundo ejemplo, se debe indicar que las autoridades gubernamentales de Pakistán ya no aplican este tipo de penas, ya que ahora las consideran abominables. Por tal razón, cuando la Policía se enteró de la situación antes apuntada, procedió a recopilar las evidencias pertinentes para arrestar y encarcelar al violador.

Otro ejemplo sobre lo anterior proviene de la zona de Adiyaman, en Turquía. Allí hay un pequeño grupo de retrasados que practican un mahometismo bien alocado. Al respecto, valga saber que una de las reglas de conducta que han establecido los líderes de ese grupo, es que las niñas no pueden tener amigos varones. Pues bien, valga saber que dentro de ese grupo de retrasados, una vez existió una adolescente de dieciséis años de edad que tenía muchos amigos varones. Esto era una violación a las normas de honor establecidas por los líderes del grupo.

En cierta ocasión, los líderes del grupo le informaron a los progenitores de la joven: (1) que la conducta de la muchacha había violentado las normas de honor mahometanas; y (2) que la adolescente tenía que ser severamente reprendida. Para preservar el desquiciado honor, el padre y el abuelo decidieron matar a la muchacha.

Ahora bien, lo más nauseabundo de este grotesco caso fue que los cabrones antes indicados mataron a la joven de una manera cruel: la enterraron viva. La razón por la cual decimos que estos cabrones enterraron a la muchacha mientras todavía vivía es, porque los médicos forenses «dictaminaron que había sido enterrada viva y consciente ya que durante la autopsia no se descubrieron signos de violencia o envenenamiento,

Ismael Leandry Vega

sino una gran cantidad de tierra en su estómago y pulmones.»[lxiii]

Por último, otro ejemplo que confirma lo que venimos explicando, ocurrió en el año 2009 y también proviene de Pakistán. Veamos los grotescos hechos: cinco jovencitas vivían con sus familiares en una zona apartada de Pakistán que estaba controlada por líderes tribales. En dicha zona tribal, los habitantes se regían por códigos tribales de conductas mahometanas bien antiguos y una de ésas reglas de conducta establecía que las mujeres no podían seleccionar a sus esposos.

Pues bien, las cinco jovencitas se atrevieron a retar la regla de conducta tribal-mahometana y seleccionaron a sus futuros esposos, al punto de que se hicieron novias de ellos. Cuando los líderes del grupo tribal se enteraron, "enjuiciaron" y condenaron en ausencia a las jovencitas, y las penas impuestas fueron, por increíble que parezca, penas de muerte. Luego de unos días de emitidas las "sentencias" de muerte, las cinco jovencitas fueron secuestradas, heridas a balazos y lanzadas a un profundo hoyo. Mientras todavía respiraban, fueron sepultadas con tierra y piedras.[lxiv]

III. Policía Religiosa

Es de saber que en todos los países islámicos existen unidades especializadas dentro de los organismos policiales que, como función principal, tienen la encomienda de velar que los ciudadanos —locales y extranjeros— no violenten normas de conducta mahometanas. Además, dichas unidades religiosas o inquisiciones mahometanas son las que están encargadas, en la mayoría de los países mahometanos, de realizar las listas mahometanas: (a) de literatura prohibida; (b) de películas prohibidas; (c) de vestimentas prohibidas; (d) de música prohibida; y (e) de las personas que violentan las conductas mahometanas.

De conformidad con lo anterior, debe tenerse en cuenta que en Arabia Saudita existe un cuerpo policial especial, compuesto por unos cuatro mil hombres severamente fanatizados con mahometismo, llamado la *Policía Religiosa*. Valga saber que esa inquisición mahometana está encargada de «vigilar el respeto de la población a los valores islámicos (...), como la vestimenta femenina, la venta de música o películas inmorales, las relaciones entre los dos sexos o el cierre de los comercios en los momentos de la oración.»[lxv]

Es de saber, además, que según el Derecho Islámico de Arabia Saudita, golpear a un agente de la Policía Religiosa es un delito severo, al punto de que las personas que lo cometen son sentenciadas a cumplir tres años de cárcel y a recibir cuatrocientos latigazos.[lxvi]

En este mismo orden de consideraciones, es importante señalar lo siguiente: la mayoría de las unidades policiales mahometanas que están legalmente encargadas de perseguir a los violadores de los delitos religiosos en los países mahometanos, tienen carta blanca para conseguir las evidencias necesarias para procesar criminalmente a las personas que cometen los delitos religiosos. Así, por ejemplo, es común que esas unidades religiosas-policiales: (1) utilicen fuerza e intimidación sobre los detenidos para conseguir confesiones y testigos; y (2) realicen registros y allanamientos de hogares y establecimientos comerciales sin órdenes judiciales.[lxvii]

Ismael Leandry Vega

Debe saberse también que los agentes de la Policía Religiosa de Arabia Saudita y los miembros de las unidades especializadas en persecuciones de delitos religiosos, que operan en la mayoría de los países islámicos, también tienen el poder para averiguar si las parejas que se encuentran compartiendo en lugares públicos lo hacen de manera legal. Para realizar esas averiguaciones los agentes tienen el poder: (1) para interrogar a las parejas en donde les encuentren; y (2) para solicitarles sus documentos de identificación. Cabe añadir que si los agentes descubren que los componentes de las parejas que comparten en lugares públicos no lo hacen de manera legal, porque no están casados entre sí o porque no son familiares cercanos, los arrestan, los acusan y los encarcelan en el nombre de la inexistente cosa esa llamada Alá.[lxviii]

Señalo, por último, que en estos tiempos de la modernidad la «Internet ha dado voz al ciudadano común en el debate político y social».[lxix] Eso lo saben los dirigentes de los gobiernos mahometanos, por lo que han aprobado legislaciones en aras de otorgarle el poder a las unidades policiales encargadas de perseguir los delitos religiosos:

(1) para investigar y fiscalizar lo que se escribe en las páginas de Internet;

(2) para realizar listas de páginas de Internet que deben ser prohibidas; y

(3) para arrestar y acusar a los mahometanos que han escrito en esos lugares electrónicos informaciones negativas sobre el satánico mahometismo, sobre los líderes religiosos

más importantes del mahometismo y sobre las malas gestiones gubernamentales.[lxx]

A. Turbas Mahometanas

Ya que estamos hablando sobre cuerpos de ley y orden mahometanos que están encargados de perseguir a las personas que violentan reglas religiosas, es indispensable que discutamos un fenómeno que ocurre en todos los países mahometanos, mayormente en aquéllos en donde la interpretación del Islam es estricta. Al respecto, valga saber que en todos esos países existen turbas mahometanas que, *motu proprio*, se dedican a perseguir, chotear, denunciar y castigar a las personas que violentan normativas mahometanas de conducta.

Es de saber que ésas turbas mahometanas: (a) no pertenecen a los gobiernos mahometanos; y (b) no son auspiciadas por los gobiernos mahometanos. Dichas turbas están compuestas por fundamentalistas del mahometismo que creen tener poder para vigilar y castigar a los violadores de las reglas de conducta mahometanas. Sobre los castigos que imponen estas turbas, valga saber que son bien abusivos y severos. Así, por ejemplo, esas turbas:

(1) golpean a las damas que son vistas utilizando velos mahometanos no aprobados;

(2) se pasan golpeando e insultando a los practicantes de religiones minoritarias; y

(3) golpean, insultan y denuncian a las personas que son vistas utilizando ropajes occidentales.[lxxi]

Llegado este punto de la discusión, es absolutamente necesario señalar que en zonas judías, budistas, cristianas e hinduistas, también existen peligrosas turbas religiosas que se dedican a perseguir, chotear, denunciar y castigar a las personas que violentan normativas religiosas de conducta.

Ilustraremos lo anterior con un ejemplo que proviene de Israel. Allí, como todos sabemos, la religión predominante es la judía. Según los judíos ultraortodoxos, que son los que hacen interpretaciones estrictas de la Torá, los judíos vienen obligados a cumplir con las estrictas reglas del Shabat, que comienza el viernes con la puesta del sol y termina después del anochecer el sábado.

Abundando un poco sobre el Shabat o el día de descanso judío, valga saber que los judíos ultraortodoxos: (1) «consideran que ese día debe prohibirse encender fuego, que es un símbolo de actividad»; y (2) consideran que nadie puede «encender aparatos eléctricos, los ingenios informáticos ni los motores de combustión, porque sueltan chispas, e incluso no usan ascensores si para ello tienen que apretar el botón».[lxxii]

Pues bien, valga saber que un sábado del año 2009, una mujer condujo su vehículo de motor por una zona ultraortodoxa de Israel y cuando los pendejos judíos ultraortodoxos lo vieron se enfurecieron enormemente, al punto de que le lanzaron piedras y vidrios a la mujer. [lxxiii]

Otro ejemplo sobre lo que venimos discutiendo, también proviene de Israel. Allí, en el año 2008, una mujer que estaba vestida con pantalones ajustados —vestimenta que es inmoral para los judíos ultraortodoxos— pasó por un barrio de judíos ultraortodoxos y cuando los pendejos ultraortodoxos la vieron: (1) se enfurecieron enormemente; y (2) formaron una turba que le roció «ácido al rostro» de la mujer.[lxxiv]

IV. Regulaciones del Derecho Islámico

Como apuntamos antes, en todos los países mahometanos el satánico Derecho Islámico regula casi todos los aspectos de la vida cotidiana de los mahometanos. Desde sexo hasta educación, el Derecho Islámico se ha metido en la vida de las personas y en muchísimas ocasiones, de manera significativa. Veamos, con algún detalle, cómo el Derecho Islámico regula algunos aspectos de la vida de los mahometanos en varios países islámicos.

A. Educacion y Derecho Islámico

Lo primero que se debe saber es, que en los países mahometanos, el fin primordial de los sistemas educativos es embrutecer el pensamiento de los menores de edad con las estupideces que aparecen en los libros principales del mahometismo. Como consecuencia, el desarrollo del pensamiento científico y matemático en el estudiantado no es un asunto prioritario. Tampoco es prioritario ayudar a los estudiantes a desarrollar un pensamiento racional, libre, crítico y laico.

Lo anterior significa que islamismo y educación van de la mano. Tanto así, que en casi todas las instituciones de educación de los países mahometanos, por disposiciones de ley y/o reglamento: (1) se comienzan los días de estudio con oraciones a la inexistente cosa esa llamada Alá; (2) los menores reciben clases de historia que están basadas en los embustes que aparecen en los libros principales del mahometismo; y (3) los estudiantes vienen obligados a recibir clases de Islam.

1. Algunos Ejemplos

En este punto de la discusión, debemos plasmar varios ejemplos en aras de que se pueda entender de una mejor manera lo que hemos explicado. El primer ejemplo que plasmaremos proviene de Egipto, un país primordialmente mahometano. Allí, por disposición del Derecho, los menores que asisten a las escuelas: (a) comienzan el día escolar con oraciones mahometanas; (b) se tienen que aprender el Corán de memoria; (c) escuchan «narraciones de la historia islámica...algunos cursos históricos lo hacen de manera todavía más insistente»; y (d) tienen que escuchar estupideces islámicas en todas las clases, ya que «todas las materias de enseñanza hacen referencias al Islam.».[lxxv]

El segundo ejemplo proviene de Brunei. Allí, según el satánico Derecho Islámico: (1) todos los estudiantes, aunque no sean musulmanes, tienen la obligación de «hacer estudios islámicos y aprender el árabe»; y (2) «las escuelas privadas no pueden impartir ninguna instrucción cristiana y tienen la obligación de enseñar el Islam».[lxxvi]

Dicho lo anterior, tenemos que añadir que brindar tanta educación mahometana a los menores de edad es peligroso, tanto para las sociedades mahometanas como para los menores de edad. Es así, porque esa satánica educación ocasiona: (1) que los países no se desarrollen tecnológica y científicamente; (2) que en los países impere un pensamiento colectivo *cuasi* medieval; y (3) que los menores no respeten los derechos del ser humano y las libertades fundamentales.

Además, al darles tanta educación mahometana a los menores, éstos no pueden tener un pensamiento acorde: (a) con los adelantos y descubrimientos científicos de estos tiempos; (b) con los pensamientos sociológicos y psicológicos de estos tiempos; (c) con los adelantos tecnológicos de estos tiempos; ni (d) con las doctrinas del Derecho que exigen el mayor respeto hacia los derechos del hombre y hacia las libertades fundamentales. Esto, a su vez, trae como consecuencia, que los menores no tengan las herramientas necesaria para competir social ni laboralmente en este nuevo mundo del conocimiento y de la libertad.

Lo que es más, dar tanto énfasis a la educación religiosa ocasiona que los menores, al llegar a la adultez, se mantengan por debajo de los niveles de pobreza internacionales. Ello, porque se ha demostrado que tener grandes conocimientos en los cuentos de hadas religiosos y en las reglas de conducta que aparecen en los libros principales de las religiones: (1) no les permite a las personas llevar comida a la mesa; y (2) no les permite a las personas tener una calidad de vida adecuada.

Por los fundamentos antes señalados, es forzoso decir a los progenitores mahometanos que viven en los países mahometanos lo siguiente: la maravillosa educación laica, libre de estupideces y pendejadas religiosas, «resulta fundamental para el desarrollo de sociedades modernas...y para que sus ciudadanos alcancen una calidad de vida óptima».[lxxvii] Por ende, deben hacer todo lo posible: (1) para que sus hijos reciban una educación acorde con estos tiempos; y (2) para que la educación que reciban sus hijos, por lo menos, «...propenda al pleno desarrollo de su personalidad y al fortalecimiento del respeto de los derechos del hombre y de las libertades fundamentales».[lxxviii]

B. Adulterio, Matrimonio y Sexo

Es importante señalar que según el Derecho Islámico, los adúlteros deben ser ejecutados. Sin embargo, algunos países mahometanos han optado por encarcelar a los adúlteros en vez de imponerles la pena de muerte. También hay Estados mahometanos en donde se han modificado las penas de adulterio a favor de los hombres. Así, en la provincia de Aceh, en Indonesia, el Derecho Islámico establece que los hombres que cometan adulterio deben ser encarcelados, mientras que las mujeres deben ser mahometanamente lapidadas.

Ahora bien, hay países mahometanos: (1) que todavía aplican la pena de muerte a todos los adúlteros —hombres y mujeres—; y (2) que reglamentan las formas y maneras en que los adúlteros deben ser mahometanamente ejecutados. Esto nos trae a la mente el satánico Derecho Islámico de Irán. Allí, las normativas jurídico-islámicas establecen: (1) que los adúlteros tienen que ser ejecutados mediante lapidaciones; y (2) que toda lapidación que se realice «se ejecuta enterrando parcialmente al condenado y apedreándole hasta la muerte…».[lxxix]

Además, sepa que el satánico Derecho Islámico de Irán también establece, aunque usted no lo crea, que las piedras que se utilicen para lapidar a los adúlteros «han de ser escogidas de forma que sean lo suficientemente grandes para causar daño pero no tanto como para matar a la víctima de forma inmediata.»[lxxx]

No hay duda que lo anterior es una gran atrocidad del Derecho Islámico. Los adúlteros no deben ser penalizados penalmente, mucho menos lapidados. Las decisiones que toman las personas adultas con relación a tener sexo extramarital sólo deben ser penalizadas por el derecho civil, no por el derecho penal. Por ende, debe quedar más que claro que castigar penalmente a un adúltero es una aberración jurídica de primer orden. Sepa que nosotros no somos los únicos que opinamos de esa manera, toda vez que el *Comité de Derechos Humanos de la Organización de las Naciones Unidas* ha indicado que «...tratar el adulterio como delito es contrario a las normas internacionales».[lxxxi]

Teniendo en mente lo anterior, es de saber que en los países mahometanos la mayoría de las personas que son arrestadas por cometer el delito de adulterio son mujeres. Eso no debe ser sorpresa para nadie, ya que el Derecho Islámico de los países mahometanos permite a los hombres tener hasta cuatro esposas, siempre y cuando tengan el dinero suficiente para mantener a las cuatro esposas en igualdad de condiciones. En cambio, las mujeres mahometanas no pueden tener más de un esposo.

En línea con lo anterior, se debe tener presente que la regla mahometana de las cuatro esposas también aplica a los mahometanos que son millonarios. Es decir, por más dinero que tenga «la religión musulmana prohíbe a un hombre tener más de cuatro mujeres».[lxxxii] Por eso, es común observar cómo algunos hombres mahometanos adinerados que tienen más de cuatro esposas y/o concubinas, son castigados por los sistemas de justicia criminal de los países mahometanos.

Eso no es lo único que se castiga en los países mahometanos. Valga saber que los hombres y mujeres mahometanos tienen prohibido tener sexo con sus novias y novios. Es decir, para poder aparearse legalmente, en los países mahometanos las parejas tienen que estar casadas. De violarse dicha normativa mahometana, las personas se exponen a ser encarceladas o azotadas públicamente con látigos. Hay países islámicos en donde este asunto se castiga con la pena de muerte.

Cónsono con lo anterior, valga saber que en casi todos los países mahometanos, el satánico y absurdo Derecho Islámico establece que es ilegal fomentar o defender de manera pública que los adultos tengan relaciones sexuales prematrimoniales. Además de eso, valga saber que en casi todos los países mahometanos, especialmente en los que implementan la ley islámica de manera estricta, hablar educativamente sobre sexo de manera pública es delito. Es decir, si un experto en sexualidad humana explica en una conferencia o en un programa de televisión cómo se estimula el órgano sexual femenino, seguramente sería arrestado, multado, encarcelado y/o azotado con látigos.[lxxxiii]

Pero eso no es lo único que ocurre en Arabia Saudita y en otros países mahometanos extremistas. Valga saber que en dichos países, los agentes del orden público tienen el poder legal para confiscar todo vehículo de motor que se haya utilizado para cometer una "indecencia" mahometana. Así, si una pareja es sorprendida teniendo relaciones sexuales dentro de un vehículo de motor, el satánico Derecho Islámico permite que los agentes del orden público confisquen el vehículo.[lxxxiv]

Otra cuestión que tiene que saberse, es que en todos los países mahometanos está prohibida la pornografía para adultos (Nos referimos a la pornografía que se vende legalmente en los Estados Unidos de América).[lxxxv] Lo que es, por decir lo menos, una aberración jurídica de primer orden, pues la pornografía para adultos, como las revistas pornográficas y las películas para adultos que se venden legalmente en los países que adoran las libertades de los individuos: (1) está legalizada en la mayoría de los Estados libres y laicos del mundo; (2) es un arte o un entretenimiento para adultos que está protegido por la maravillosa doctrina de la libertad de expresión

Además, prohibir totalmente la pornografía para adultos también es una aberración jurídica porque ver y poseer pornografía para adultos, aunque no les agrade a los pendejos fundamentalistas, es una prerrogativa que tiene cada adulto. Por lo tanto, entendemos que las acciones de los Estados mahometanos de estar prohibiendo la pornografía para adultos, son intromisiones ilegales y absurdas que no están a la par con las modernas doctrinas jurídicas del Derecho Constitucional y del Derecho Penal. Lo que es más, si los mahometanos adultos pueden tener sexo en la privacidad de sus hogares y tragarse los fluidos de sus órganos sexuales, entonces, prohibir todo material pornográfico para adultos no tiene ningún sentido.

En nuestra opinión, la única pornografía que se debe prohibir es la pornografía infantil; además, las personas que estén envueltas en la grotesca

Ismael Leandry Vega

pornografía infantil deben ser encarceladas. La razón por la cual decimos lo anterior es, principalmente, porque «la pornografía infantil es una de las practicas que más daño hacen a nuestra sociedad, por que el blanco son los niños: el futuro de nuestro mundo».[lxxxvi]

De otra parte, se debe tener presente que otro asunto que está severamente reglamentado en todos los países mahometanos son los matrimonios. Al respecto, valga saber que en todos los países mahometanos: (1) «a las mujeres musulmanas se les prohíbe contraer matrimonio con un no musulmán»; (2) «si una musulmana enamorada de un cristiano se quiere casar con él, el cristiano debe antes hacerse musulmán»; pero (3) «los hombres musulmanes pueden casarse con una mujer judía o cristiana».[lxxxvii]

En sintonía con lo anterior, es importante saber que en todos los países mahometanos, todos los hombres tienen un gran privilegio a la hora de separarse de sus esposas. En esos países, el satánico Derecho Islámico establece que todos los hombres mahometanos pueden «repudiar a la mujer cuando le plazca y no tiene que dar cuentas a nadie de tal decisión».[lxxxviii]

Por último, en este tramo conviene mencionar que en los países mahometanos, mayormente en los más fundamentalistas, el Derecho Islámico establece que los hombres tienen el derecho de pedir la anulación de sus matrimonios si las características físicas de sus esposas no son las esperadas durante la noche de bodas.[lxxxix]

Es decir, si en un país mahometano, un hombre mahometano se casa con una mujer y durante la primera noche de la luna de miel el hombre descubre que a su esposa le falta un seno, el hombre puede acudir al tribunal y pedir la anulación del matrimonio. Valga saber que en estos casos, los tribunales mahometanos tienden a anular los contratos de matrimonio.

Llegado este punto de la discusión, entendemos que debemos plasmar varios ejemplos. El primero de ellos proviene de Marruecos, un país predominantemente mahometano. Allí, si una persona es declarada culpable de cometer el delito mahometano de tener relaciones sexuales prematrimoniales —que está tipificado en el artículo *490 del Código Penal de Marruecos*— se expone a cumplir un año de cárcel.[xc]

El segundo ejemplo proviene de la provincia de Aceh, en Indonesia. Allí, el Derecho Islámico establece que las personas que sean declaradas culpables de cometer el delito de tener relaciones sexuales prematrimoniales, serán públicamente azotadas con látigos.[xci]

El tercer ejemplo también proviene de Marruecos. Allí, «el *artículo 39 del Código de Familia marroquí* prohíbe el matrimonio de una musulmana con un hombre de otra confesión religiosa.»[xcii]

El cuarto ejemplo proviene de Arabia Saudita. Allí, en el año 2009, un joven mahometano habló gráficamente sobre sus actividades sexuales en un programa televisivo. Específicamente, habló sobre: (a) las múltiples relaciones sexuales prematrimoniales que había tenido; (b) cómo estimulaba los órganos sexuales de las parejas que había tenido en el transcurso de su vida; y (c) cómo guardaba sus condones, con el fin utilizarlos en algún momento.

Eso ocasionó, luego de un tiempo: (1) que la Policía arrestara al joven; y (2) que el ministerio público le radicara varias acusaciones al joven en los tribunales saudíes-mahometanos. Luego de varios trámites procesales, el caso llegó hasta el **Tribunal de la Ciudad de Yeda** y un satánico magistrado de dicho tribunal, determinó que el joven había violado el Derecho Islámico. Específicamente, determinó que había cometido el delito de «promover el vicio» a través de un medio de comunicación. Por esa estupidez, el joven fue «condenado a recibir mil latigazos y a cumplir 5 años de prisión...».[xciii]

El quinto ejemplo proviene de los Emiratos Árabes Unidos. Allí, en el año 2010, un hombre mahometano pidió permiso a los progenitores de una joven para poder casarse con ella. Luego de pensarlo durante un rato, los progenitores de la joven le dieron el permiso y luego de varias semanas se celebró la boda.

Valga saber que durante la ceremonia de la boda el hombre se veía muy entusiasmado. Ese entusiasmo se debía a que estaba deseoso de que llegara el momento de besar a la joven, ya que esa sería la primera vez que vería a su ahora esposa sin su manto mahometano. Es decir, el hombre nunca había visto el rostro ni el cuerpo de la mujer que es su esposa.

Así las cosas, luego de que la pareja fue declarada oficialmente casada, el hombre le levantó el manto mahometano a su ya esposa en aras de darle el primer beso. Cuando el hombre levantó el velo con gran entusiasmo por poco vomita, pues descubrió en ese momento que su nueva esposa «era bizca y tenía barba.»

Valga saber que tan pronto el esposo vio la fealdad de la joven, acudió a un tribunal en aras de que se anulara el matrimonio. Luego de ver las evidencias, «el tribunal anuló el contrato de matrimonio pero rechazó una indemnización de US$130.000 reclamada por los regalos —joya y ropa, entre otros— que le había comprado a la novia.»[xciv]

Por último, el sexto ejemplo proviene de Irán. Allí, en el 2009, un tribunal ordenó que dos hombres fueran lapidados por cometer el delito de adulterio. Valga saber que luego de un tiempo, la sentencia fue ejecutada con gusto y placer por los verdugos mahometanos-iraníes.[xcv]

C. Sobre el Alcohol y los Alimentos

Es harto conocido que el mahometismo les prohíbe a los mahometanos consumir alcohol. Esa prohibición religiosa ha sido catalogada como delito en todos los países mahometanos. Aunque, en algunos de ellos, existen exenciones a dicha regla en aras de acomodar las exigencias de los turistas y de los practicantes de otras religiones. Así, por ejemplo, en Malasia, existe un sistema penal doble que provoca que los mahometanos no puedan consumir alcohol, mientras «los no musulmanes se acogen a las leyes civiles y pueden beber bebidas alcohólicas».[xcvi]

Otro detalle que debemos mencionar, es que el mahometismo prohíbe expresamente que los mahometanos consuman carne de cerdo. Esa prohibición ha sido establecida en el Derecho Islámico Penal de todos los países mahometanos. Así, por ejemplo, el Derecho Islámico de Arabia Saudita establece que «el alcohol y el cerdo son ilegales.»[xcvii]

Otro detalle que no podemos pasar por alto es el siguiente: en algunos países mahometanos, los hombres le pueden prohibir a las mujeres comer y beber en ciertas ocasiones. Así, por ejemplo, en Afganistán, el Derecho Islámico establece que los mahometanos chiitas pueden privar a sus esposas de alimentos «si éstas les niegan el 'tamkeen', o sea, el derecho a la satisfacción de las necesidades sexuales.»[xcviii]

1. Algunos Ejemplos

En este punto de la discusión, valga saber que lo que se dijo antes, sobre que hay países mahometanos en donde el Derecho Islámico le permite a ciertos grupos de personas consumir alcohol, es la excepción. Es decir, únicamente ocurre en poquísimos países mahometanos. La mayoría de los países mahometanos no le permiten beber alcohol a nadie.

Habiendo explicado esto, valga saber que nos viene a la mente un caso que ocurrió en Irán. Allí, en el año 2009, una mujer extranjera compró una botella de vino en el mercado negro. Debido a ello, fue arrestada y encarcelada en las hediondas cárceles iraníes.[xcix]

Otro ejemplo sobre lo que venimos discutiendo proviene de Malasia, un país predominantemente mahometano. Allí, el Derecho Islámico establece que *ningún mahometano* puede consumir bebidas alcohólicas. Pues bien, valga saber que en el 2009, una mujer mahometana fue sorprendida tomándose una cerveza bien fría en un balneario público de Malasia, lo que ocasionó que la mujer fuera arrestada y sentenciada. Sépase, además, que la **Corte Superior de la Sharia en Malasia** le impuso a la dama la siguiente pena: seis azotes con vara y una multa de mil cuatrocientos dólares.[c]

D. Apostasía y Derecho Islámico

Por otro lado, apostasía se define como el abandono de la religión por parte de un practicante. Es decir, para un musulmán, la apostasía significa dejar de ser practicante del mahometismo: (1) en aras de practicar otra religión; o (2) en aras de acogerse al maravilloso ateísmo. Pues bien, valga saber que en el mahometismo la apostasía siempre ha sido duramente condenada, al punto de que se considera una traición a la inexistente cosa esa llamada Alá. Por eso, el Derecho Islámico establece que « (...) la apostasía es condenada con la pena de muerte, *con frecuencia conmutada en cárcel*».[ci]

Nótese que del texto recalcado se desprende que algunos países mahometanos han modificado su Derecho Islámico y han dejado de aplicar la pena de muerte a los apóstatas. En la actualidad, algunos países mahometanos lo que hacen es condenar a la cárcel a los apóstatas, aunque hay otros países islámicos que, además de la pena de cárcel, también les imponen la pena de recibir latigazos.

Lo anterior nos hace recordar un caso que ocurrió en Malasia, país que es dominado por la religión islámica. Allí, una profesora tomó la valiente decisión de abandonar la recalcitrante, imbécil, aberrante, egoísta y embrutecedora religión islámica. Como consecuencia de ello, fue condenada por el Poder Judicial de Malasia a cumplir dos años de cárcel por haber cometido el delito de «apostasía del Islam».[cii]

Ahora bien, es importante aclarar que en Malasia, los mahometanos nacidos y criados allí y los mahometanos nacidos y criados en otros países islámicos, son los únicos que nunca pueden abandonar el mahometismo. En cambio, en circunstancias muy particulares, las mujeres que practicaban otras religiones y que posteriormente cometieron la estupidez de adoptar el satánico mahometismo como su religión personal, sí pueden abandonar el Islam. Así, por ejemplo, si una mujer que practica el budismo se enamora de un mahometano y comete la estupidez de adoptar el mahometismo para poder casarse con él, luego de un tiempo puede abandonar la fe mahometana y adoptar su antigua religión.

Sin embargo, es importante aclarar que el Derecho Islámico de Malasia establece que para lograr lo anterior, las mujeres tienen que demostrar en un tribunal: (1) que sólo adoptaron el mahometismo para poder casarse; (2) que luego de sus matrimonios, nunca asumieron «ninguna de las enseñanzas islámicas»; y (3) que vivieron estilos de vida «no musulmán».[ciii]

Toda esta cuestión, aunque tiene algo de positivo, sigue siendo aberrante y violatorio de los Derechos Humanos. Nos explicamos. Todo ser humano, por el simple hecho de existir, tiene el derecho: (1) de practicar la religión que más le plazca; y (2) de cambiar de religión cuando le venga en gana. Por ende, obligar a una persona a acudir a un tribunal para que pueda legalmente cambiar de religión es, repetimos, una crasa violación a los Derechos Humanos y una crasa cabronada.

Por otro lado, valga saber que en la mayoría de los países islámicos existen leyes de familia: (1) que establecen que las mujeres no pueden abandonar el mahometismo cuando se casen; y (2) que establecen que las mujeres cristianas que se casen con un mahometano, no pueden cambiar de religión. Tomemos como ejemplo, lo que ocurre en la actualidad en la República Libanesa, en donde el sesenta por ciento de los habitantes son musulmanes. Allí, el Derecho Islámico establece:

(1) que «si una mujer musulmana se casa con un cristiano, no puede abandonar el Islam»; y

(2) que si una mujer cristiana comete la estupidez de casarse con un musulmán, la mujer tiene que permanecer «siendo cristiana».[civ]

Aquí conviene hacer un paréntesis para decir lo siguiente: lo más triste de la apostasía en los países mahometanos, es que existen muchísimos magistrados severamente embrutecidos con mahometismo que hacen cumplir las leyes mahometanas que castigan la apostasía. Esto es, claramente, una violación al Derecho Internacional y a los Derechos Humanos. Recordemos que todo ser humano tiene el derecho, según las normativas internacionales, de cambiar de religión libremente.

Dicho lo anterior, es justo señalar que en Egipto, un país mahometano, es legal que una persona que originalmente era cristiana y posteriormente mahometana, abandone el Islam. Esto nos hace recordar una decisión judicial que emitió la **Corte Administrativa Suprema de Egipto** en el 2008. En esta importantísima decisión, dicha corte «estableció que 12 personas cristianas que se habían convertido al Islam y luego volvieron al cristianismo podían tener constancia de sus cambios en sus documentos de identidad».[cv]

E. Sobre la Libertad de Expresión

Es harto conocido que en los países mahometanos no se ejerce una libertad de expresión plena, como la que existe en Estados Unidos de América, Reino Unido, Francia y otros países amantes de la libertad. Lo que existe es una libertad de expresión severamente condicionada a que no se digan cosas negativas: (1) sobre los líderes de los gobiernos; (2) sobre el asesino Mahoma; (3) sobre el violento, machista, antidemocrático y satánico islamismo; (4) sobre los líderes religiosos del mahometismo; ni (5) sobre la inexistente cosa esa llamada Alá.

De hecho, valga saber que en todos los países mahometanos existe el delito de insultar al Islam. Dicho delito es, por decir lo menos, un zafacón jurídico. Es decir, para cometer ese delito sólo basta con decir algo negativo pero verdadero sobre el mahometismo. Así, por ejemplo, si usted dice en un país mahometano que el Islam es discriminante, abusivo y descarado con las mujeres, usted cometió el delito de insultar al Islam.

En esta zona, cabe señalar que en los países mahometanos, la estrecha libertad de expresión que existe no les permite a las personas hablar pública y explícitamente en torno al sexo. Así, por ejemplo, hay países mahometanos en donde el Derecho Islámico establece que es delito hablar públicamente: (a) sobre cómo utilizar condones; (b) sobre cómo se debe realizar el acto sexual; y (c) sobre la masturbación.

Otra cuestión que no puede pasarse por alto es que en muchos países mahometanos, mayormente en aquéllos en donde se hacen interpretaciones estrictas del Islam, el Derecho

Islámico establece que piropear a una dama en un lugar público es una indecencia y un delito. Lo más craso de estas interpretaciones, es que el Derecho Islámico de esos países castiga a los hombres: (1) aunque hayan expresado piropos hermosos; y (2) aunque las damas que fueron piropeadas, no se hayan sentido ofendidas.

De otra parte, es importante señalar que en todos los países mahometanos es ilegal utilizar el nombre de Mahoma y/o de Alá para nombrar objetos o animales. Es decir, si una persona llama a su perro Mahoma y los agentes del orden público le escuchan llamándolo de esa manera, la persona se expone a ser arrestada y castigada por el sistema islámico-penal.

Debe conocerse también, que en todos los países mahometanos está totalmente prohibido, por el Derecho Islámico, hacer traducciones del dantesco Corán: (1) sin haber obtenido una dispensa de los clérigos más importantes del país; y (2) sin haber recibido una carta de aprobación de dichos clérigos, una vez culminada la obra. Ello es así, por razón de que los fundamentalistas y los clérigos mahometanos entienden que las traducciones mal hechas del Corán, pueden distorsionar las palabras de la inexistente cosa esa llamada Alá.[cvi]

Otra cuestión que no podemos pasar por alto sobre las limitaciones que impone el Derecho Islámico a la libertad de expresión, son las limitaciones impuestas a los artistas en los países mahometanos. Al respecto, es harto conocido que los artistas profesionales —escultores, pintores, entre otros— manifiestan sus pensamientos a través de sus obras. De cierta manera, es correcto decir que los artistas hablan a través de sus obras.

Pues bien, valga saber que en muchos países mahometanos, los clérigos más influyentes e importantes han emitido fatuas que prohíben la exposición de estatuas y esculturas humanas: (1) en las casas; (2) en los establecimientos comerciales; y (3) en lugares públicos. Lo que es, sin ninguna duda, un duro golpe a la libertad de expresión de los escultores.[cvii]

Otro asunto mahometano que atenta contra la libertad de expresión, es el hecho de que en muchos países mahometanos —especialmente en aquéllos en donde la ley islámica es aplicada de manera estricta— los agentes del orden público tienen poder legal para confiscar los teléfonos celulares de todas aquellas personas que, a través de ellos, han manifestado indecencias mahometanas. El gran problema con esto, es que lo que se considera indecencia en los países mahometanos es un zafacón jurídico. Así, por ejemplo, en Arabia Saudita, si una pareja que no está casada habla por teléfono celular sobre cómo hará el amor en la noche y los agentes del orden público escuchan dicha conversación, seguramente: (1) la pareja será detenida por cometer el delito de indecencia mahometana; y (2) los teléfonos celulares serán confiscados.[cviii]

Otra cuestión que es importante señalar, es el hecho de que en casi todos los países mahometanos es ilegal cantar canciones comerciales que tengan como contenido párrafos del Corán. Para los fanáticos del mahometismo, especialmente para los imanes, realizar lo anterior es una gravísima ofensa religiosa. Además de eso, es de saber que en todos los países mahometanos, se considera una gravísima ofensa criminal cantar canciones que critiquen el contenido del Corán, aún cuando las canciones tengan un contenido verdadero y razonable.

De similar importancia, es el hecho de que en todos los países mahometanos está prohibida la venta de accesorios y literatura sexual, como por ejemplo: (1) películas con contenido sexual; (2) revistas con contenido sexual (como la revista Hustler); (3) juguetes sexuales para mujeres; y (4) muñecas sexuales para hombres. Conforme a esto, valga saber que esas prohibiciones mahometanas han ocasionado a través de la historia, que muchos distribuidores y vendedores que han tratado de hacer disponibles estas mercancías en los países mahometanos, hayan sido multados y encarcelados. Además, también se ha visto cómo los gobiernos mahometanos confiscan y destruyen esos productos.

No hay duda que lo anterior es una severa restricción a la libertad de expresión. Las revistas y las películas para adultos son expresiones artísticas, por lo que restringir totalmente su venta y distribución es una violación a la libertad de expresión y, en ciertas ocasiones, a la libertad de prensa. Sobre este último punto, recordemos que muchas de esas revistas para adultos tienen reportajes para adultos, lo que, de cierta manera, convierte a esas revistas en medios de prensa.[cix]

Por otro lado, tampoco podemos olvidar que en la mayoría de los países mahometanos se han establecido leyes y reglamentos para que las autoridades policiales arresten y/o multen a todas aquellas personas que publiquen, vendan y posean películas, música, revistas y libros catalogados como indecentes. Aquí lo más problemático, es que dentro de la categoría de indecencia se encuentran libros, música, películas y panfletos que fueron realizados (1) por ganadores del Premio Nobel de Literatura; (2) por miembros de prestigiosas organizaciones científicas; (3) por prestigiosos estudios cinematográficos; (4) por ateos y agnósticos; y (5) por artistas famosos.

Sobre esta cuestión, cabe agregar que dentro de la categoría de mahometanamente indecente se encuentran producciones artísticas y literarias: (1) relacionadas con el ateísmo; (2) que critican al satánico mahometismo (Como este libro.); (3) que describen los abusos que se cometen en los países islámicos en el nombre del Islam; y (4) que están relacionadas con el agnosticismo.

A lo que estamos discutiendo, se añade que a las autoridades policiales de los países mahometanos, también se les ha otorgado el poder para confiscar y destruir todas aquellas producciones artísticas y literarias que violenten sus cánones religiosos. Lo que significa, que en esos países es totalmente legal que los organismos de seguridad compilen un índice de producciones artísticas y literarias mahometanamente prohibidas.

Un ejemplo sobresaliente de esto proviene de Irán. Allí, las satánicas autoridades policiales tienen la autoridad legal: (1) para realizar índices de producciones artísticas y literarias islámicamente prohibidas; y (2) para destruir y confiscar todas aquellas producciones artísticas y literarias que estén incluidas en esos pendejos índices.

De conformidad con esto, valga saber que uno de los libros prohibidos y confiscados en ese país por la inquisición mahometana fue la novela «Memoria de mi putas tristes», escrita por el *premio Nobel de Literatura Gabriel García Márquez*. Esa fabulosa novela fue prohibida en ese país, debido a que «la novela cuenta la historia de un hombre que decide regalarse en su 90 cumpleaños, 'una noche de amor loco con una adolescente virgen' en un burdel, pero al final termina enamorándose de la joven.»[cx]

Otro ejemplo proviene de Malasia. Allí, el Derecho Islámico otorga a los agentes del Ministerio del Interior: (1) el poder para realizar un índice gubernamental sobre libros mahometanamente prohibidos; (2) el poder para confiscar todos aquellos libros que estén listados en el índice de los libros mahometanamente prohibidos; y (3) el poder para perseguir a las personas que vendan los libros que están listados en el índice de los libros islámicamente prohibidos.[cxi]

Por otro lado, valga saber que en la mayoría de los países mahometanos, la palabra Alá —que representa al inexistente dios del mahometismo— está protegida por el Derecho Islámico. Esto ocasiona, que dicha palabra no se pueda utilizar en ciertas circunstancias, especialmente, en circunstancias no relacionadas con el Islam. Así, por ejemplo, en Malasia, el Derecho Islámico *establecía* que las personas que no practicaban el mahometismo no podían utilizar la palabra Alá en ningún tipo de literatura, y si lo hacían: (1) se exponían a que sus publicaciones fueran confiscadas y destruidas; y (2) se exponían a ser penalmente castigadas.[cxii]

Como se podrá advertir, dijimos en el párrafo anterior que el Derecho Islámico de Malasia *establecía,* porque en el 2009, el *Tribunal Supremo de Malasia* determinó que las personas que no sean mahometanas sí pueden utilizar la palabra Alá. Lo que es más, dicho tribunal dejó más que claro «que la prohibición del gobierno contra el uso de la palabra 'Alá' por los no musulmanes era inconstitucional.»[cxiii]

1. Las críticas y burlas al Islam

Por otro lado, según el estricto Derecho Islámico, toda persona que insulte al Islam debe ser ejecutada. Lo peligroso de lo anterior, es que insultar el Islam es algo bien liberal. Así, por ejemplo escribir un reportaje en donde se critiquen las satánicas costumbres islámicas —como puede ser un reportaje en donde se discutan los abusos que se cometen en contra de las mujeres en los países islámicos— es y puede ser considerado una crítica al Islam. También puede ser considerado un insulto al Islam lo siguiente: publicar caricaturas o reportajes burlones sobre el asesino Mahoma.

En fin, debe tenerse más que claro que en todos los países mahometanos, el diabólico Derecho Islámico no tolera las críticas y las burlas: (1) hacia el Islam; (2) hacia Mahoma; ni (3) hacia la inexistente cosa esa llamada Alá. Lo que significa, que la libertad de expresión sobre estos temas es algo que está totalmente vedado.[cxiv]

2. Más Ejemplos

Es importante proveer algunos ejemplos sobre lo que hemos discutido. El primero de ellos proviene de Sudan. Allí, una profesora «fue declarada culpable de haber insultado al Islam al permitir que sus alumnos llamaran Mahoma a un osito de peluche».[cxv] Valga saber que la profesora fue condenada a cumplir quince días de cárcel y a ser deportada.

Otro ejemplo, que ocurrió en el 2008, proviene de Afganistán. Allí, un joven periodista distribuyó un artículo en donde criticaba los abusos y los discrímenes que se cometen en contra de las mujeres en nombre del Islam. Ello causó que el joven fuera sentenciado a la pena de muerte por haber blasfemado y, específicamente, por haber criticado los deseos que la inexistente cosa esa llamada Alá dizque ha plasmado en el dantesco Corán.[cxvi]

El tercer ejemplo proviene de Arabia Saudita. Allí, en el 2008, «dos jóvenes saudíes fueron condenados a recibir 70 latigazos cada uno y a memorizar el Corán tras ser declarados culpables de piropear a una chica…».[cxvii]

El cuarto ejemplo proviene de Irán. Allí, un cantante interpretó una canción que tenía un contenido crítico hacia el Corán. Ello ocasionó que las autoridades policiales mahometanas le radicaran cargos criminales. Sin embargo, como el cantante no se encontraba en Irán al momento de la sentencia, los tribunales lo sentenciaron a cinco años de cárcel en ausencia.[cxviii]

Por su parte, el quinto ejemplo proviene de Indonesia, un país en donde el ochenta y cinco por ciento de la población practica el mahometismo. Allí, el diabólico Derecho Islámico establece que vender o distribuir revistas que contengan un contenido sexualmente explícito configura, sin más, el delito de indecencia. Pues bien, valga saber que en el año 2006, el editor y distribuidor de la revista Playboy en Indonesia fue acusado criminalmente por haber cometido el delito de indecencia. Entonces, luego de varios trámites judiciales, el caso llegó hasta la *South Jakarta District Court* y dicha corte determinó que la revista Playboy que se vende en Indonesia, que no es tan explícita como la que se vende en Estados Unidos de América: (a) no se puede prohibir; y (b) no es indecente.[cxix]

F. Sobre la Libertad de Prensa

Es harto conocido que en todos los países islámicos: (1) no hay libertad de prensa; (2) hay empresas privadas, clérigos, fundamentalistas y funcionarios públicos que se pasan fiscalizando lo que se publica en los medios de comunicación; y (3) los diarios tienen que tener varias páginas dedicadas al mahometismo.

Sobre el punto número tres, valga saber que esas páginas dedicadas al mahometismo, por imposición del Derecho Islámico, tienen que estar llenas de informaciones positivas. Para mayor colmo, sepa que si algún diario se atreve a publicar algo negativo sobre el mahometismo, los gobiernos mahometanos tienen la facultad legal: (1) para suspender el funcionamiento del diario; y (2) para multar y/o encarcelar al reportero que escribió la información.

Esto que hemos discutido nos trae a la mente lo que ocurre en Arabia Saudita. Allí, por increíble que parezca, todos los periódicos vienen obligados a tener «una o varias páginas dedicadas a la enseñanza islámica…».[cxx]

A tono con lo anterior, debe saberse también que los medios de comunicación que operan dentro de los países islámicos no pueden, bajo ningún concepto, publicar *caricaturas o artes gráficas* que se burlen o que critiquen: (1) al asesino Mahoma;

(2) a los líderes religiosos del Islam; ni (3) al violento, discriminante, intolerante y antidemocrático mahometismo. A eso súmele que si un caricaturista o un artista gráfico se atreve a realizar una acción como las discutidas, se expone a ser legalmente multado, encarcelado, azotado con objetos que causan gran dolor y, dependiendo el grado de la ofensa, ejecutado.[cxxi]

De conformidad con lo que estamos discutiendo, nos parece atinado mencionar que en los países mahometanos —especialmente en aquéllos en donde la ley islámica es aplicada e interpretada de manera estricta— *los reporteros*: (a) no pueden escribir artículos con contenido sexual explícito; y (b) no pueden reportar a través de los medios de comunicación, reportajes que traten sobre temas sexuales.

Tan importante como lo anterior, es el hecho de que en casi todos los países mahometanos, el Derecho Islámico le ha otorgado a los tribunales y a ciertos organismos gubernamentales, el poder para multar y suspender —por meses, por años o indefinidamente— las operaciones de los medios de comunicación que se han atrevido a publicar informaciones: (1) que critican al Islam; (2) que critican al asesino y discriminante Mahoma; y (3) que critican a los líderes religiosos más importantes del mahometismo.

1. Algunos Ejemplos

El primer ejemplo que ofrecemos, ocurrió en el 2009 y proviene de Arabia Saudita. Allí, una periodista fue sentenciada a recibir sesenta dolorosos latigazos porque durante un programa de televisión, entrevistó a un hombre saudita que tuvo la valentía de describir «su vida sexual extramatrimonial.»[cxxii]

El segundo ejemplo proviene de Marruecos. Allí, en el año 2007, el primer ministro publicó un decreto ejecutivo en donde prohibió la producción y venta de una revista llamada «*Nichane*», porque los editores de dicha revista tuvieron la valentía de publicar un artículo que atentaba «'contra la religión musulmana'.»[cxxiii]

Este otro ejemplo también proviene de Marruecos. Allí, en el 2008, las autoridades gubernamentales prohibieron que «la revista francesa *L' Express International*» publicara y vendiera un ejemplar que tenía en la portada las imágenes del asesino Mahoma y del nunca existente Jesucristo, por razón de que perjudicaba «a la religión musulmana».[cxxiv]

En este punto de la discusión, es conveniente mencionar lo siguiente: dos de las razones principales por las cuales el gobierno marroquí realiza actos como los señalados, es porque es un país islámico y porque el *Artículo 29 del Código de Prensa de Marruecos* establece que el gobierno puede «*prohibir la difusión de cualquier publicación que 'atente contra el Islam*, la institución monárquica, o la integridad territorial o el orden público'.»[cxxv]

G. Internet y Derecho Islámico

Ya hemos visto que en los países islámicos no hay libertad de expresión. Sin embargo, lo que mucha gente no sabe, es que esa intromisión del Islam dentro de la libertad de expresión se ha modernizado en estos tiempos. Ahora, muchos de los gobiernos de los países islámicos les han prohibido a sus ciudadanos poder acceder a ciertas páginas de Internet. Especialmente, le han prohibido acceder a páginas de Internet con contenido agnóstico, ateo, crítico hacia el Islam y/o de plena libertad de expresión.

Sobre este particular, valga saber que nos referimos a las páginas de Internet en donde las personas pueden compartir sus expresiones y pensamientos a través de discusiones electrónicas y vídeos. Tomemos como ejemplo, al portal de Internet llamado **YouTube**[2], al portal de Internet llamado **Facebook**[3], entre otros foros de discusión electrónica.

En línea con lo anterior, valga saber que la mayoría de los portales de Internet que son bloqueados por los gobiernos mahometanos son los llamados *blogs*. Un blog es, en apretada síntesis, «una página Web que consta de entradas —en inglés posts— en orden cronológico inverso, compuestas por texto, imágenes o incluso videos y audios, que normalmente permite a los visitantes dejar comentarios, y que, por último, se realiza mediante algún programa gratuito directamente desde la Web.»[cxxvi]

Es de saber que en muchos países mahometanos muchos "blogueros" han sido multados, arrestados y/o encarcelados por los gobiernos: (a) por diseminar informaciones negativas en torno al discriminante mahometismo; (b) por vacilarse algunas prácticas del

---

[2]You Tube es una red social en dónde el intercambio se realiza a través de videos cortos.

[3]Facebook es una red social que cubre todos los países, con un estimado de 350 millones de usuarios en diciembre de 2009.

Ismael Leandry Vega

mahometismo; y (c) por criticar la intromisión de la religión mahometana en asuntos gubernamentales.

En línea con lo anterior, valga saber que los gobiernos de muchos países mahometanos también han impedido a sus ciudadanos acceder a portales de Internet que, según entienden, *violentan las reglas de conducta que establece el ignominioso Islam*. Así, por ejemplo, el Derecho Islámico de esos países establece que los proveedores de Internet no pueden brindar accesos a los ciudadanos: (1) a portales de Internet que contengan imágenes del asesino Mahoma; ni (b) a portales de Internet que contengan imágenes burlonas sobre Mahoma, sobre el Islam y sobre los líderes religiosos más importantes del Islam.

Tenemos que mencionar que para realizar las restricciones tecnológicas antes mencionadas, los pendejos y fanáticos que dirigen los gobiernos de los países mahometanos *han aprobado normativas jurídico-islámicas* en donde prohíben a los proveedores de Internet dar acceso a la ciudadanía a dichas páginas electrónicas.

De conformidad con lo que hemos discutido en esta sección, valga saber que los fanáticos religiosos que dirigen los gobiernos mahometanos han brindado varias razones para sus acciones. Entre ellas, cabe resaltar las siguientes: (a) que los contenidos de esas páginas o portales de Internet pueden llevar a muchas personas a abandonar el violento mahometismo; (b) que los contenidos de esas páginas o portales de Internet son demasiado negativos hacia el embrutecedor mahometismo; y (c) que los contenidos de esas páginas o portales de Internet no respetan el intolerante y antidemocrático mahometismo.

Derecho Satánico   75

Ahora bien, hay que señalar que en algunos países mahometanos se esconde algo más siniestro detrás de los bloqueos a ciertas páginas de Internet. Con ello se le prohíbe a las nuevas generaciones de jóvenes, manifestar libremente sus descontentos hacia sus gobiernos y hacia muchas de las arcaicas costumbres mahometanas.

Pero eso no es todo, valga saber que esas restricciones también buscan prohibir a las nuevas generaciones utilizar las redes sociales de Internet para organizar marchas y protestas relacionadas con este sistema de creencias. En fin, no hay duda que los gobiernos mahometanos que restringen el acceso a la Internet saben que «los más jóvenes opositores dependen de Internet para publicar artículos sobre sus actividades.»[cxxvii]

Sobre este último punto, tenemos que decir que los gobiernos mahometanos de esos países lo que hacen es utilizar razones religiosas para impedir manifestaciones y protestas en su contra. Con esas acciones, lo que buscan esos gobiernos mahometanos es obtener el apoyo de las generaciones más viejas, que regularmente permiten que las situaciones políticas, sociales y religiosas se mantengan como están. De cierta manera, podemos decir que los gobiernos de esos países mahometanos lo que buscan es un choque social entre lo más jóvenes —que persiguen reformas políticas y religiosas que les otorguen más libertades— y los más viejos.

1. Algunos Ejemplos

En este punto entendemos pertinente plasmar varios ejemplos sobre lo que venimos discutiendo. El primero proviene de Pakistán. Allí, el gobierno mahometano aprobó varias normativas jurídico-islámicas en donde les ordenó a los «proveedores de servicios de Internet el bloqueo del sitio 'YouTube' donde se comparten videos, por considerar que en él se presentan contenidos que ofenden al Islam.»[cxxviii]

El segundo ejemplo proviene de Malasia, un país en donde la mayoría de los ciudadanos practican el mahometismo. Allí, «el bloguer disidente Raja Petra Kamarudin, conocido como RPK», escribió una entrada titulada «**Islam de mentira para musulmanes de mentira.**» Por ese acto de libertad de expresión, fue arrestado y sentenciado a dos años de cárcel por cometer el delito de insultar el Islam.[cxxix]

Otro ejemplo llega desde Kuwait. Allí, en el 2008, el gobierno mahometano le ordenó «a los proveedores locales de servicios de Internet que bloqueen la página web *YouTube* de intercambio de vídeos, porque algunos clips pueden ofender a los musulmanes».[cxxx]

H. Mujeres y Derecho Islámico

Es de saber que según el Derecho Islámico de todos los países mahometanos, el testimonio que brindan las mujeres en los tribunales, en los foros administrativos, durante las investigaciones policiales y/o durante los pleitos civiles son de poquísima importancia. Ello es así, ya que el Derecho Islámico claramente establece que «**el testimonio de una mujer vale la mitad del de un hombre**…».[cxxxi]

Por otro lado, no podemos olvidar que el Corán establece que la inexistente cosa esa llamada Alá manifestó en cierta ocasión, que los hombres mahometanos «debían golpear a sus esposas cuando eran desobedientes».[cxxxii] Eso ha ocasionado que muchísimos magistrados en los países mahometanos hayan emitido sentencias en donde: (a) justifican actos violentos y discriminantes en contra de las mujeres; y (b) exhortan a los hombres mahometanos a golpear a sus esposas en ciertas circunstancias.

No obstante, si profundizamos un poco más intelectualmente, nos daremos cuenta de que decisiones judiciales como ésas lo que hacen es: (1) fomentar actos de violencia doméstica en contra de las mujeres; y (2) reforzar el sitial de inferioridad que tienen las mujeres dentro de la cultura mahometana.

Como se indicó anteriormente, las mujeres mahometanas, especialmente las que viven en países mahometanos, siempre han tenido la obligación de vestirse de las formas y maneras que han deseado los hombres. En la actualidad, en todos los países mahometanos existen libros de Derecho Islámico que establecen con claridad las formas y maneras en que las mujeres deben vestirse para complacer a los hombres. Además, en dichos libros del Derecho Islámico también se indican las penalidades que se aplicarán a las mujeres que tengan la valentía de violentar los códigos de vestimentas mahometanas.

Teniendo en mente lo anterior, es de saber que los códigos de vestimenta femeninos que aparecen en el Derecho Islámico de muchos países mahometanos les prohíben entre otras cosas: (1) la utilización del pantalón; (2) la utilización de maquillaje; (3) la utilización de sombrero; (4) la utilización de botas y zapatos llamativos; y (5) la utilización de ropa ajustada.[cxxxiii]

Lo más absurdo sobre las reglas femeninas de vestimenta, es que en algunos países mahometanos ni los maniquíes femeninos se salvan de la estupidez del Derecho Islámico. Así, por ejemplo, en Irán, «la utilización de maniquíes [femeninos] que expongan las curvas corporales y con las cabezas sin cubrir por el hijab (velo musulmán) está prohibida en las tiendas».[cxxxiv]

Además, debe tenerse en cuenta que en casi todos los países mahometanos, el satánico Derecho Islámico establece que las mujeres: (1) no pueden estar acompañadas por hombres que no sean sus familiares por afinidad o consanguineidad; y (2) no pueden salir de sus hogares sin permiso de los hombres. Sobre este último punto, valga saber que el *Código Civil de Afganistán* establece que «las mujeres afganas tienen prohibido salir de casa sin permiso, aunque hay excepciones en casos urgentes, como una enfermedad».[cxxxv]

A tono con lo anterior, debe saberse que en la mayoría de los países mahometanos, el diabólico Derecho Islámico les prohíbe a las mujeres «viajar al exterior u obtener un pasaporte sin la aprobación de sus esposos o tutores masculinos.»[cxxxvi]

Por otro lado, todos sabemos que participar en elecciones políticas es un derecho humano. Todo ser humano, hombre o mujer, tiene ese derecho al llegar a la adultez. Siempre se desea que ese derecho se ejerza lo más libremente posible, de manera que los habitantes de una zona puedan seleccionar a las personas que ellos entiendan que mejor representarán y salvaguardarán sus intereses. Pues bien, valga saber que en algunos países islámicos —como en Arabia Saudita— las mujeres no tienen el derecho de votar en elecciones, ya que los hombres mahometanos piensan que las mujeres no tienen la capacidad intelectual para emitir un voto.

No hay duda que conductas como ésas son perversas y discriminatorias. No hay razón para negar a las mujeres el derecho al voto. Al negar el derecho al voto a las mujeres, el país demuestra que no tiene ni aspira a tener elecciones libres. Y «una nación sin elecciones libres es una nación sin voz, sin ojos y sin brazos.»[cxxxvii]

Otra cuestión que no se puede pasar por alto, es que el Derecho Islámico también es sumamente discriminante con las mujeres en torno a la herencia que reciben. Apoya lo anterior el hecho de que ese discriminante Derecho establece que «las hijas reciben una parte de la herencia, aunque sólo la mitad de lo asignado a los hijos.»[cxxxviii] Ahora bien, valga saber que ese no es el único asunto discriminante relacionado con la herencia en los países mahometanos. Se sabe que «en el derecho musulmán, un cristiano no hereda jamás de un musulmán; recíprocamente, el marido musulmán no será nunca el heredero de su mujer cristiana.»[cxxxix]

Otro asunto que no podemos dejar de mencionar, es que en algunos países mahometanos se han aprobado normativas jurídicas que establecen cuándo las mujeres deben tener relaciones sexuales con sus esposos. Así, por ejemplo, en Afganistán, el gobierno aprobó en el año 2009 la **Ley de la Familia Chii**. Dicha ley establece, en lo pertinente, que las mujeres chiitas tienen la obligación de satisfacer los deseos sexuales de sus esposos chiitas, por lo menos, una vez cada cuatro días.[cxl]

También se debe conocer el hecho de que en todos los países mahometanos se utiliza el Derecho para impedir la publicación, la venta y la exportación de libros que revelen y discutan las discriminantes y abusivas formas y maneras en que los hombres mahometanos tratan a las mujeres mahometanas en los países islámicos.[cxli]

Valga saber que las razones por las cuales los líderes gubernamentales y religiosos de los países mahometanos realizan actuaciones como las señaladas son las siguientes: (1) porque no desean que la humanidad se entere de las discriminantes y abusivas formas y maneras en que los hombres mahometanos tratan a las mujeres mahometanas en los países mahometanos; (2) porque se sienten abochornados de dichas conductas; y (3) porque desean seguir manteniendo a las mujeres, que son el sexo fuerte, en un nivel social y familiar de inferioridad.

Por último, es de saber que en algunos países mahometanos —como en Arabia Saudita— el Derecho Islámico establece: (a) que las mujeres no pueden conducir un vehículo de motor; y (b) que las mujeres, si viajan como pasajeras en un vehículo de motor, tienen que estar acompañadas por un familiar.[cxlii]

1. Algunos Ejemplos

El primer ejemplo que ofrecemos proviene de Irán. Allí, el gobierno ha aprobado varias leyes que le prohíben a la mujer: (1) utilizar maquillaje; (2) utilizar sombrero; (3) utilizar falda corta; (4) utilizar pantalón ajustado y/o corto; (5) utilizar velo mahometano con diseños llamativos; (6) utilizar carteras con diseños llamativos; (7) utilizar gafas de sol con diseños llamativos; (8) utilizar zapatos de tacón.[cxliii]

Otro ejemplo sobre lo que venimos discutiendo proviene de la inmensa mayoría de los países mahometanos. Al respecto, es harto conocido que en casi todos los países mahometanos el Derecho Islámico establece que todas las mujeres tienen que utilizar los mantos mahometanos. Como vimos en un capítulo anterior, lo que varía en cada uno de esos países en el tipo de velo mahometano que las mujeres vienen obligadas a utilizar.

El tercer ejemplo sobre las restricciones que se les imponen a las mujeres a través del Derecho Islámico proviene de Arabia Saudita. Allí, el Derecho establece que los hombres y las mujeres que no sean familiares por afinidad o consanguinidad no pueden confraternizar y, si lo hacen, se exponen ambos a ser castigados por el Derecho Islámico-Saudita.[cxliv]

Esto nos hace recordar un caso que también ocurrió en Arabia Saudita. Allí, en el 2009, una anciana estaba acompañada en su hogar por dos hombres que no eran sus familiares. Al enterarse, los miembros del sistema de justicia criminal arrestaron y enjuiciaron a la anciana. La pena que le impuso un tribunal a la mujer fue, por decir lo menos, inhumana. La sentenciaron: (a) a recibir cuarenta (40) latigazos; (b) a cuatro meses de prisión; y (c) a ser sacada del país a través de un proceso de deportación.[cxlv]

El cuarto ejemplo proviene de Sudán, un país dominado por el mahometismo. Allí, el discriminante Derecho Islámico establece que las mujeres mahometanas no pueden utilizar pantalones y si lo hacen: (1) se exponen a ser multadas; y (2) se exponen a ser azotadas con látigos. Valga saber que en el año 2009, una mujer mahometana fue sorprendida utilizando pantalones ajustados. Esto ocasionó que la dama fuera arrestada, encarcelada y multada por la cantidad de doscientos dólares.[cxlvi]

El quinto ejemplo que ofrecemos también proviene de Arabia Saudita. Allí, en el 2009, un pendejo magistrado determinó que los hombres mahometanos tienen el derecho de golpear a sus esposas, si estas últimas «gastan en objetos lujosos como vestidos».[cxlvii]

Por último, el sexto ejemplo proviene del Líbano. Allí, existen normativas jurídicas dentro del satánico Derecho Islámico que les impiden a las mujeres, una vez se casen, cambiar de religión. Así, por ejemplo, «si una mujer musulmana se casa con un cristiano, no puede abandonar el Islam. Si una mujer cristiana se casa con un musulmán, la ley coránica prevé que la mujer permanezca siendo cristiana».[cxlviii]

I. Sobre La Libertad de Culto

Es de saber que en los países mahometanos no existe una libertad de culto plena porque en la mayoría de los países mahometanos: (1) la libertad de culto, mayormente la libertad de practicar religiones minoritarias, es severamente castigada por el populacho mahometano; y (2) los propios gobiernos impiden o dificultan la libre práctica de una religión minoritaria o impopular.

No obstante, es importante aclarar que en algunos países mahometanos, la libertad de practicar religiones minoritarias sí está reconocida en los polvorientos libros del Derecho. Pero, aunque los libros de Derecho lo dicten, si nos movemos a la dimensión real, a la calle, nos percataremos de que en dichos lugares los propios gobiernos dificultan la libre práctica de religiones minoritarias.

Lo anterior nos hace pensar en lo que ocurre en Egipto. Allí, si los cristianos desean construir una iglesia «deben pedir permiso directamente al Presidente de la República, además de otros permisos y condiciones, que se obtienen sólo con gran dificultad».[cxlix]

Siguiendo dentro de tema de la libertad de culto en los países mahometanos, valga saber que lo más grave de este asunto es que en los países mahometanos en donde la interpretación y la aplicación del Derecho Islámico se realiza de manera estricta, las personas que son sorprendidas realizando *ciertas prácticas religiosas* son encarceladas, multadas, azotadas con látigos y/o ejecutadas. Además, no podemos olvidar que en dichos países, las personas —aunque sean mahometanas— que son sorprendidas realizando ciertas acciones en beneficio de una religión minoritaria, regularmente son encarceladas, multadas y/o azotadas con objetos que causan gran sufrimiento. Así, por ejemplo, «en varios países islámicos está prohibida la edición, la comercialización e incluso la lectura de la Biblia bajo pena de cárcel».[cl]

Cónsono con lo anterior, no está de más recordar que en todos los países mahometanos está prohibido el satanismo. Cuando hablamos de satanismo, «nos referimos a algún tipo de grupo o movimiento que de forma aislada o más o menos estructurada y organizada practican la adoración o exaltación del conocido por todos nosotros como Satanás, Demonio o simplemente diablo.»[cli]

No hay duda que lo anterior —la ilegalidad del satanismo en los países mahometanos— es una significativa violación al Derecho Humano e internacional a la libertad de culto. Es harto conocido que toda persona tiene el derecho de adorar a todos los inexistentes dioses y/o demonios que desee. El derecho a la libertad de culto les otorga a las personas, inequívocamente, el derecho de practicar religiones minoritarias o cultos que sean indeseables para la comunidad local.

Teniendo en mente todo lo que hemos discutido hasta ahora, valga saber que una cuestión que agrava severamente la libertad de culto en los países mahometanos, es el hecho de que en las Constituciones y/o en algunas leyes de todos esos países, se ha escrito que el macabro y discriminante mahometismo es la religión oficial. Lo que dificulta grandemente la libre práctica: (1) de religiones indeseables para los mahometanos; y (2) de religiones minoritarias.[clii]

Por último, algo que nos llama a la atención es lo siguiente: los gobiernos de algunos países mahometanos han emitido normativas jurídicas para obligar a las personas a manifestar cuáles son sus prácticas religiosas favoritas. Esta información se coloca en una cláusula distintiva en los documentos de identificación —como en los certificados de nacimiento o en las tarjetas gubernamentales de identificación— y de esa manera queda expuesta la religión que la persona favorece. Así, por ejemplo, en Egipto, los cristianos tienen que indicar cuando solicitan sus documentos de identificación que practican el cristianismo. Cuando los documentos oficiales de identificación les son entregados, tienen cláusulas que indican que son seguidores del cristianismo.[cliii]

Para nosotros, lo anterior eso es una violación a los Derechos Humanos de las personas. Es harto conocido que toda persona tiene el Derecho Humano de practicar su religión favorita de manera pública o privada. Pero eso no es todo, también pensamos que lo anterior fomenta el discrimen por razón de religión, pues, cada vez que se someten dichos documentos para un propósito particular, las personas que reciben esos documentos pueden observar con claridad cuáles son las religiones que practican las personas. Si las personas que reciben los documentos —como empleadores, maestros, entre otros— son unos pendejos que se pasan discriminando por razón de religión, seguramente discriminarán al ver a una persona que practique una religión distinta a la suya.

1. Algunos Ejemplos

El primer ejemplo en esta sección proviene de Arabia Saudita. Allí, en el 2008, una dama que fue sorprendida practicando la brujería fue arrestada y sentenciada a la pena de muerte a través de decapitación por sable.[cliv]

Otro ejemplo en torno a la libertad de culto, que ocurrió en el 2008, también proviene de Arabia Saudita. Allí, una persona fue arrestada y enjuiciada por cometer el delito de practicar la brujería. En esta ocasión, el pendejo magistrado que presidió el juicio también condenó al acusado a la pena de muerte a través de sable. [clv]

Como se puede notar, en Arabia Saudita las personas que son condenadas a la pena capital por practicar la brujería «son ejecutadas con sable en una plaza pública.»^{clvi} No hay duda que el propósito de realizar las ejecuciones de esa manera es para intimidar a la ciudadanía. Es decir, para enviar un mensaje a la ciudadanía de que la libertad de culto no existe y que la libre práctica de la brujería no es tolerada.

Un cuarto ejemplo también proviene de Arabia Saudita. En un estudio realizado en el 2008 por el **Departamento de Estado de los Estados Unidos de América**, se encontró que la libertad de culto, que es un Derecho Humano, «no existe en Arabia Saudita y no es reconocida o protegida por las leyes». Pero eso no fue lo único que se encontró al realizar dicho estudio, valga saber que los investigadores también descubrieron que «el cristianismo y símbolos como la cruz o árboles de navidad son estrictamente prohibidos, al igual que todos los lugares de culto...».^{clvii}

Por último, plasmaremos en esta sección un ejemplo que proviene de Irán. Allí, es común que las agencias mahometanas del orden público se pasen arrestando y encarcelando a los practicantes del satanismo.^{clviii}

J. Homosexuales y Derecho Islámico

Por otro lado, es harto conocido que los hombres mahometanos siempre han utilizado el satánico Derecho Islámico para fastidiar a los homosexuales. En todos los países mahometanos se castiga, de alguna manera, el homosexualismo, aunque la severidad de la pena varía de país en país. Así, por ejemplo, en algunos países mahometanos los homosexuales son ejecutados, en otros son encarcelados por varios años y en otros son azotados con látigos, encarcelados y multados.

Además, valga saber que las normativas jurídico-islámicas de algunos países mahometanos, establecen penas distintas para los gays y para las lesbianas. Así, por ejemplo, si vamos a Irán veremos que el Derecho Islámico establece que los gays que han sido encontrados culpables de cometer el delito de homosexualismo son azotados con látigos y ejecutados. Sin embargo, ese mismo Derecho Islámico iraní establece que «las lesbianas declaradas culpables de relaciones sexuales pueden ser condenadas a cien latigazos, pero, al tercer delito de ese tipo, la condena consiste en su ejecución».[clix]

K. Extranjeros y Derecho Islámico

Es importante señalar que en todos los países mahometanos, el Derecho Islámico se le puede aplicar a los extranjeros y a los turistas. Lo que varía en todos esos países es la cantidad de normativas jurídico-islámicas que se les pueden aplicar a las personas que provienen de otros países. Así, hay países mahometanos en donde se les permite a los extranjeros y a los turistas realizar conductas que, de realizarlas un habitante local, serían castigadas por el Derecho Penal.

Ahora bien, hay ciertas conductas que ningún extranjero o turista puede realizar en los países mahometanos si es que quiere regresar a su patria sano y salvo. Es decir, en todos los países mahometanos hay reglas de conducta dentro del Derecho Islámico que ni los extranjeros ni los turistas pueden violentar. Así, por ejemplo, *en ningún* país mahometano, un extranjero o un turista puede insultar el violento mahometismo, especialmente la memoria de Mahoma y el nombre de la inexistente cosa esa llamada Alá. De hacerlo, se expone a ser encarcelado y/o azotado con látigos.[clx]

Además, es de saber que en la inmensa mayoría de los países islámicos, ningún turista o extranjero, mientras se esté llevando a cabo el ayuno mahometano del Ramadán, puede consumir alimentos o bebidas en lugares públicos, pues, si lo hace, se expone a tener que pagar una multa y en ciertos casos, puede ser obligado a cumplir tiempo de cárcel.

1. Algunos Ejemplos

Estos ejemplos, persiguen que se pueda entender de la mejor manera el tema de los extranjeros en los países islámicos. El primer ejemplo proviene de los Emiratos Árabes Unidos. Allí, en el 2008, una pareja de turistas fue denunciada y multada —se les impuso una multa de quinientos cincuenta y cinco dólares— por tomarse, en horas del día y en un lugar público, un jugo mientras se estaba llevando a cabo el Ramadán en toda la nación.[clxi]

El segundo ejemplo proviene de Arabia Saudita. Allí, en el 2008, una mujer estadounidense que se encontraba en gestiones de trabajo visitó a un amigo en una cafetería. Estando allí, varios agentes de la Policía Religiosa se personaron al lugar y le preguntaron a la pareja si estaban casados o si eran familiares. Como la respuesta fue negativa, ambos fueron arrestados y encarcelados ese mismo día.[clxii]

L. Otros Asuntos Regulados

Como hemos visto, son muchísimos los aspectos sociales que regula el satánico Derecho Islámico. Si fuéramos a discutir todos los aspectos que regula ese Derecho en todos los países mahometanos, no tenemos la menor duda de que tendríamos que escribir varios tomos. Por eso es que nos hemos limitado a discutir en secciones específicas los que consideramos más importantes.

Ahora bien, en esta sección mencionaremos dos últimos asuntos que son regulados por el satánico Derecho Islámico, pero lo haremos de forma breve. Al respecto, lo primero que tenemos que decir es lo siguiente: en casi todos los países mahometanos, el Derecho Islámico regula todos los asuntos que están relacionados con la política. Así, por ejemplo, las normativas jurídico-islámicas de muchos países mahometanos establecen: (a) requisitos islámicos para poder ser presidente o miembro del parlamento; y (b) requisitos mahometanos para poder trabajar en el gobierno.

Lo anterior nos trae a la mente el Derecho Islámico de Irán. Allí, el satánico Islam ha provocado que el Derecho establezca que los candidatos presidenciales: (a) tengan que practicar el mahometismo; (b) tengan que creer en la existencia de la inexistente cosa esa llamada Alá; (c) tengan que ser mahometanos chiíes; y (d) tengan que seguir las reglas de conducta establecidas en el Corán.[clxiii]

Lo segundo que tenemos que decir es lo siguiente: para el mahometismo, especialmente para el mahometismo de interpretación estricta, los perros son seres impuros. Por lo tanto, es común poder observar cómo en algunos países islámicos se ha prohibido la posesión de perros *como meras mascotas*, al punto de que muchas personas han sido azotadas, arrestadas, multadas y/o encarceladas: (1) por tener perros en sus hogares; y (2) por pasear a sus perros por lugares públicos.

Mostraremos lo anterior con un ejemplo que proviene de Irán. Allí, en el año 2008, un anciano de setenta años de edad que tuvo la valentía de pasear a su perro por una calle, fue arrestado, encarcelado y azotado con un látigo en setenta ocasiones.

Teniendo en mente este caso, valga saber que el anciano fue condenado porque su perro era una simple mascota. En Irán, gracias a una fatua emitida por un prominente interpretador del Derecho Islámico, es legal tener perros siempre y cuando los mismos sean utilizados como guardianes y no como mascotas.[clxiv]

Ismael Leandry Vega

Capítulo tres
Acciones legales y judiciales a favor y en contra del Islam

I. Acciones legales y judiciales

Es pertinente señalar que algunos países democráticos están concediendo asilo político a personas homosexuales que, lamentablemente: (a) han sido condenados a la pena de muerte en algunos países mahometanos por cometer el delito de homosexualismo; o (b) están siendo constantemente perseguidos por la justicia islámica por el simple hecho de ser homosexuales.[clxv]

Por otro lado, es de saber que muchos gobiernos de muchos países democráticos han reconocido, tácitamente, que el discriminante y abusivo mahometismo: (1) es una religión imbécil y peligrosa; y (2) es una religión que tiene la capacidad de llevar a muchos fanáticos religiosos a cometer actos de violencia en contra de personas que han criticado al islamismo. Valga saber que ese tácito reconocimiento lo han expresado al ofrecerles seguridad y protección a escritores, conferenciantes y ateos famosos que han criticado pública y duramente al cabrón islamismo.

Esto nos hace pensar en lo que ocurrió con la valiente **Ayaan Iris Alí**. Esta valiente dama, junto al cineasta Theo Van Gogh, realizaron un documental que plasmaba las atrocidades que se cometen en el nombre del pendejo Islam, específicamente, en contra de las mujeres. Eso ocasionó que Van Gogh fuera asesinado por un fanático del islamismo y que se emitieran miles de amenazas de muerte en contra de Ayaan. La situación ocasionó, a su vez, que el gobierno de Holanda emitiera una normativa legal para proveerle protección las veinticuatro horas del día y en todas partes del mundo a Ayaan Iris Alí. Es decir, la norma gubernamental que autorizaba la protección iba dirigida a proteger a esta valerosa dama del perverso mahometismo.[clxvi]

Por otro lado, ya hemos visto que la Sharia o ley islámica es, por decir lo menos, una monstruosidad antidemocrática que fomenta el discrimen y el abuso. Pues bien, valga saber que algunos tribunales y organismos internacionales se han pronunciado negativamente en contra de la sharia o ley islámica. Uno de esos tribunales fue el **Tribunal Europeo de Derecho Humanos**, también denominado Tribunal de Estrasburgo y Corte Europea de Derechos Humanos. Según dicha corte, la Sharia o ley islámica «es incompatible con la democracia.»[clxvii]

Pero eso no es todo, es de saber que algunos Estados han indicado que algunas penas que establece la violenta sharia o ley islámica son abusivas, discriminantes y perjudiciales. Además, han indicado que la sharia no es un cuerpo legal adecuado para regular todas las conductas de las personas. Por lo tanto, han emitido normas legales —leyes, órdenes ejecutivas, órdenes militares, entre otras— en donde han suspendido la aplicación de ciertas penas que establece dicho ordenamiento mahometano. Un buen ejemplo proviene de Nigeria. Allí, «el gobierno secular y federal (…), que controla las fuerzas de seguridad, ha dicho que no permitirá los más serios castigos del Sharia.»[clxviii]

Por otro lado, es de saber que varios tribunales alrededor de este mundo de mierda, se

Ismael Leandry Vega

han pronunciado negativamente en contra de los velos mahometanos, específicamente, sobre la utilización de dichos discriminantes velos por parte de las niñas. Esto nos hace recordar una decisión (*Leyla Sahin vs. La República de Turquía*) que emitió el **Tribunal Europeo de Derecho Humanos** en el 2004.

En dicha decisión, dicho tribunal indicó que los países europeos pueden impedir que las niñas utilicen los velos mahometanos mientras se encuentren en las escuelas. Lo que es más, dicha corte también indicó que «las prohibiciones del uso de velos eran apropiadas para proteger la naturaleza secular del Estado, especialmente contra demandas extremistas.[clxix]

Cónsono con lo anterior, valga saber que en el 2008, el **Tribunal Europeo de Derecho Humanos** emitió otra sentencia relacionada con los velos mahometanos. En dicha opinión, el tribunal indicó que tampoco se pueden utilizar los velos mahometanos en las clases de educación física que se imparten en las escuelas, ya que no son compatibles «con la práctica del deporte por razones de seguridad e higiene.»[clxx]

Otro tribunal que se ha expresado sobre la utilización de los velos mahometanos por parte de menores de edad mientras se encuentren estudiando en escuelas, es el **Tribunal de Apelación de Nantes**, en Francia. Dicho tribunal indicó que las autoridades escolares pueden suspender a estudiantes que, en violación a las reglamentaciones existentes sobre el particular, utilicen velos mahometanos o ropajes religiosos mientras se encuentren estudiando en las escuelas. Además de eso, valga saber que dicho tribunal también indicó que los escolares utilizando velos mahometanos o ropajes religiosos en las escuelas del país excede, por mucho, «los límites del derecho a expresar y manifestar (...) creencias religiosas en el interior del establecimiento escolar.»[clxxi]

En línea con lo anterior, es de saber que en los Estados Unidos de América, varios tribunales han indicado que en algunas profesiones, es razonable que se les prohíba a los empleados mahometanos utilizar ropajes religiosos, como turbantes o velos mahometanos, mientras se encuentren en el desempeño de sus funciones oficiales.

Un buen ejemplo sobre esto proviene de la *Corte de Apelaciones del Tercer Circuito de Estados Unidos de América*. Al respecto, valga saber que dicha corte, en el 2009, determinó: (a) que los agentes del orden público no pueden utilizar vestimentas religiosas mientras se encuentren en el desempeño de sus funciones oficiales; y (b) que las agencias del orden público pueden aprobar reglamentos y órdenes generales que les prohíban a sus agentes utilizar ropajes religiosos mientras se encuentren en el desempeño de sus funciones oficiales.[clxxii]

Otro lugar en donde se reguló judicialmente la utilización de los discriminantes velos mahometanos fue en el estado de Florida, en Estados Unidos de América. Allí, es totalmente ilegal solicitar una licencia para conducir automóviles si la fotografía en la licencia muestra el rostro del conductor cubierto con un velo mahometano o con cualquier otro atuendo o accesorio.

Además de eso, valga saber que los tribunales de dicho Estado han establecido que no se puede invocar el derecho a la libertad de culto para burlar esa normativa estatal, ya que el gobierno tiene el interés apremiante, por razones de seguridad, de identificar á los conductores. Sobre este particular, nos dice la **Hon. Janet Thorpe, Juez de Distrito en el estado de Florida**, que:

> «'La necesidad del Estado de poder identificar inmediatamente a los sujetos de detenciones del tráfico con fines investigativos e investigaciones penales y de inteligencia importa más que la necesidad de cualquier persona de posar para la foto de la licencia de conducir vistiendo cualquier atuendo que oculte todos. los rasgos faciales excepto los ojos...Por lo tanto, la exigencia de que todos los conductores potenciales se hagan ' tomar sus fotografías para la licencia de conducir sin ningún atuendo que oculte, encubra o disimule su rostro no implica una carga inconstitucional para el libre ejercicio de la religión.'»[clxxiii]

Teniendo en mente lo anterior, valga saber que algunos países, como Turquía y Francia, han aprobado *legislaciones* que establecen, en lo pertinente, que los menores de edad no pueden utilizar velos mahometanos, ropajes religiosos o símbolos religiosos mientras se encuentren en las escuelas.[clxxiv]

Igualmente, es importante anotar aquí que en Turquía, un país predominantemente mahometano, la **Corte Suprema de Justicia de Turquía** ha dejado más que claro que toda ley o reglamento que permita que los estudiantes —escolares y universitarios— utilicen velos mahometanos o ropajes religiosos mientras estudien en instituciones públicas son ilegales e inconstitucionales, pues violentan «los principios seculares de la constitución».[clxxv]

Debe tenerse en cuenta, además, que en Suiza, los tribunales han indicado que las cláusulas de los reglamentos de las organizaciones deportivas profesionales, en donde se indica que los jugadores y las jugadoras no pueden jugar en los partidos oficiales utilizando sobre sus cabezas accesorios o y/o ropajes religiosos son legales y válidos. Por consiguiente, dicha decisión judicial prohíbe que las jugadoras profesionales que practican el discriminante mahometismo, puedan jugar en juegos oficiales llevando sobre sus cabezas los cabrones velos mahometanos.[clxxvi]

Por otro lado, todos sabemos que en todos los países mahometanos hay progenitores que obligan a sus hijos a convertirse al cabrón mahometismo. Además, no podemos perder de perspectiva que en los países Occidentales, hay progenitores mahometanos que también obligan a sus hijos a pertenecer al mahometismo. Pues bien, valga saber que el *Gobierno de Malasia* aprobó, en el 2009, una ley que establece que los progenitores tienen prohibido utilizar violencia y/o intimidación para convertir a sus hijos e hijas al desquiciado mahometismo.[clxxvii]

Es de saber que en muchas partes del mundo, muchos progenitores mahometanos permiten que sus hijos participen en rituales religiosos violentos. Es decir, en rituales en donde los menores son flagelados o se auto-flagelan con objetos que causan dolor corporal. Pues bien, muchos países democráticos están procesando criminalmente a los progenitores mahometanos que permiten conductas como la descrita.[clxxviii]

En torno a esta discusión, es morrocotudo saber que la Asamblea General de la Organización de las Naciones Unidas ha indicado lo siguiente: que «la práctica de la religión o convicciones en que se educa a un niño no deberá perjudicar su salud física o mental ni su desarrollo integral...».[clxxix] Véase, al respecto, la **Declaración sobre la eliminación de todas las formas de intolerancia y discriminación fundadas en la religión o las convicciones**.

Por otro lado, es de saber que la Organización de las Naciones Unidas ha emitido varias resoluciones y pactos internacionales que hacen ver muchas de las acciones cobijadas por el Derecho Islámico como pendejas, abusivas, inhumanas y antidemocráticas. Así, por ejemplo, antes vimos que en muchos países mahometanos, como en Arabia Saudita, los fundamentalistas que dirigen el gobierno persiguen a las minorías religiosas, entre estas, a los brujos y a los ateos.

Pues bien, estas acciones sin lugar a dudas, violentan el *Pacto Internacional de Derechos Civiles y Políticos*. Según dicho pacto, nadie puede ser «objeto de medidas coercitivas que puedan menoscabar su libertad de tener o de adoptar la religión o las creencias de su elección.»[clxxx]

Además, antes también vimos que en todos los países mahometanos escribir o publicar críticas y burlas sobre el mahometismo y/o sobre el asesino Mahoma son acciones prohibidas. Esto llega al punto de que muchísimas de las personas que han realizado tales actos han sido encarceladas, multadas y/o azotadas con látigos. Pues bien, valga saber que esas prohibiciones mahometanas también están prohibidas por el pacto anterior. Según dicho pacto, nadie puede «ser molestado a causa de sus opiniones.»[clxxxi]

Igualmente, también vimos antes que en muchos países mahometanos se permite que los hombres se casen con niñas de apenas nueve años de edad. Esto es una aberración de primer orden, pues, además de que las niñas no están aptas mental ni físicamente para casarse, tampoco pueden manifestar un consentimiento válido, ya que su inmadurez no se lo permite. Pues bien, valga saber que dicho pacto también prohíbe estas conductas. Según dicho pacto internacional de la Organización de las Naciones Unidas, «el matrimonio no podrá celebrarse sin el libre y pleno consentimiento de los contrayentes.»[clxxxii]

Por otro lado, ya vimos que en los países mahometanos los hombres pueden divorciarse de sus esposas con el simple hecho de pronunciar el *talaq*, esto es, decir a viva voz que rechazan a sus esposas en tres ocasiones corridas. Pues bien, valga saber que en Estados Unidos de América los divorcios religiosos no son válidos, incluyendo los divorcios mahometanos.

Eso significa, que si un hombre mahometano quiere divorciarse de su esposa en los Estados Unidos de América: (a) tiene que hacerlo por alguna de las causales que contemplen las leyes civiles de los estados de la unión federal; y (b) tiene que hacerlo en un tribunal de justicia civil.

En consonancia con lo expuesto, valga saber que los hombres mahometanos que residen en los Estados Unidos de América, no pueden ir a un país mahometano a divorciarse de sus esposas a través del *talaq* y luego pretender que esas sentencias de

Ismael Leandry Vega

divorcio, que casi siempre son abusivas e injustas con las mujeres, tengan validez en los Estados Unidos de América.[clxxxiii]

Es de conocimiento público que a los niños y a los jóvenes que estudian en las escuelas de los países mahometanos se les obliga a tomar clases de islamismo; y ello, en ciertas ocasiones, con la oposición de sus padres. Ahora bien, valga saber que en algunos países mahometanos las cosas han comenzado a cambiar poco a poco y se está comenzando a entender que las clases de religión deben ser optativas y no obligatorias. Uno de esos países mahometanos ha sido Turquía, pues allí, en el 2008, el *Tribunal Supremo de Turquía* estableció que es «*ilegal la obligatoriedad de la asignatura 'Cultura Religiosa y Ética'*, vigente desde 1980 en los centros de educación primaria y secundaria turcos...».[clxxxiv]

Por otro lado, debemos recordar que en un capítulo anterior escribimos que en la mayoría de los países mahometanos, las mujeres tienen que obtener la aprobación de sus esposos o tutores masculinos para poder salir legalmente de sus países. Pues bien, valga saber que en el año 2009, ocurrió algo sorprendente en Kuwait. Allí, un tribunal determinó que las mujeres tienen el derecho de obtener pasaportes «sin la aprobación previa de sus maridos.» Esta determinación les permite a las mujeres poder viajar fuera de su país sin obtener el permiso de sus esposos.[clxxxv]

Cabe señalar, por último, que en un capítulo anterior pudimos observar que en ningún país del mundo, los derechos que garantizan la libertad de culto y la libertad de expresión son derechos absolutos. Dichas libertades, cuando son ejercitadas por los ciudadanos, no deben violentar el orden público y la seguridad nacional; también entendemos que dichas libertades tampoco permiten que se fomente el desorden público, el asesinato y los crímenes de lesa humanidad.

Además, también vimos que en este mundo de mierda hay cientos de miles de hombres mahometanos que están dispuestos a provocar, instigar, inducir o ayudar a otras personas a realizar actos violentos en el nombre del mahometismo. Pues bien, valga saber que en muchos países democráticos, el Derecho ha dejado más que claro que lo que están haciendo esos mahometanos no está protegido por la libertad de expresión, mucho menos por la libertad de culto. En esos países, ningún religioso puede invocar su derecho a la libertad de culto o su derecho a la libertad de expresión para decir en un lugar público o a través de Internet que, en el nombre de la religión: (a) se deben matar personas; ni que (b) se deben cometer actos terroristas.

Teniendo en mente lo anterior, valga saber que en muchos países democráticos y amantes de la libertad, se están arrestando y encarcelando a todos aquellos fundamentalistas religiosos que han hecho manifestaciones como las expuestas de manera pública.[clxxxvi]

II. Acciones Legales y Judiciales a Favor

Como se ha visto, nosotros consideramos que el mahometismo es una religión perversa, antidemocrática y enemiga de la libertad. Ahora bien, una cosa es lo que nosotros creemos y otra cosa es la libre práctica de dicha satánica religión. La práctica pacífica de toda religión, aún la del satánico islamismo, es un Derecho Humano garantizado por varias normativas internacionales. Siendo así, toda restricción innecesaria y abusiva sobre la práctica pacífica de una religión, es una crasa violación a los Derechos Humanos.

Las únicas restricciones que se le pueden imponer a las prácticas de las religiones tienen que estar relacionadas con la protección del orden público, con el derecho a la inviolabilidad de la dignidad humana y, sobre todo, con la protección de la doctrina de separación entre iglesia y Estado.

Habiendo dicho eso, procedamos ahora a manifestar varias opiniones judiciales que protegen la liberad de culto que tienen los mahometanos a la hora de practicar su religión. El primer ejemplo proviene de Alemania. Allí, el Derecho establece una total separación entre iglesia y Estado. Lo que significa, que los empleados gubernamentales, mientras se encuentren en el desempeño de sus funciones oficiales: (1) no pueden llevar a cabo actos religiosos; y (2) no pueden fomentar que otros lleven a cabo actos religiosos.

Valga saber que en una escuela de Alemania, los directores le prohibieron a un estudiante orarle a la inexistente cosa esa llamada Alá, bajo el fundamento de que eso era una violación a la doctrina de separación entre iglesia y Estado. Luego de un tiempo, los padres del menor llevaron el asunto ante los tribunales, específicamente, ante la **Corte Administrativa de Berlín**. Dicha corte determinó que los estudiantes mahometanos, mientras se encuentren en sus escuelas estudiando, sí pueden orarle a la inexistente cosa esa llamada Alá, por razón de que: (1) los estudiantes no son empleados públicos; y (2) los estudiantes, aun siendo menores de edad, tienen el derecho a la libertad de culto y a la libertad de expresión.[clxxxvii]

No hay duda que la decisión del tribunal fue una sabia; prohibirle al menor que le ore a la inexistente cosa esa llamada Alá fue una violación a sus Derechos Humanos. Nadie puede prohibirle a un mahometano realizar sus cinco oraciones diarias, salvo que el trabajo que desempeñe —como sería el estar a cargo de la seguridad de una planta nuclear o estar navegando un submarino del ejército— exija que la persona esté todo el tiempo concentrado en su sensitivo trabajo.

Otra decisión judicial favorable para el mahometismo también proviene de Alemania. Allí, una mujer severamente embrutecida por las discriminantes doctrinas del Islam, se rebajó tanto como mujer que le pidió a su patrono privado —una pequeña tienda de mercancías— utilizar el hijab durante su turno de trabajo. El patrono, luego de rechazar la petición de la empleada y verla utilizando un velo mahometano, la despidió del trabajo bajo el fundamento de que la vestimenta religiosa violentaba el protocolo de vestimenta de la tienda.

Acto seguido, la empleada llevó el asunto ante los tribunales alemanes. Luego de varios trámites judiciales, el caso llegó hasta el **Tribunal Constitucional de Alemania** y dicho tribunal indicó que un empleado que trabaje en una tienda de venta de mercancías sí puede utilizar gorros o pañuelos religiosos sobre su cabeza, ya que eso es parte de la libertad de culto.[clxxxviii]

Esta decisión del tribunal entendemos que fue una correcta. La petición de la empleada, aunque ridícula y pendeja, no afectaba para nada la seguridad en el centro de trabajo. Nótese que el trabajo de la empleada no estaba relacionado con asuntos sensitivos, como podría ser la elaboración de medicinas y componentes internos de computadoras. Por lo tanto, llevar un hijab sobre su cabeza no afectaba a nadie.

Distinto sería el caso si el empleo de la dama fuera en una farmacéutica o en una fábrica de cohetes, en donde se exige que todos los empleados utilicen ropajes anticontaminantes en aras de que no se vayan a contaminar los objetos fabricados. Además, el tribunal no entró a analizar la sabiduría de la petición de la dama, lo que fue una acción acertada en Derecho, ya que los tribunales no tienen el poder legal para determinar si una práctica religiosa es inteligente, sabia y ajustada a los tiempos tecnológicos en los cuales vivimos.

Otro importante dato que debemos exponer sobre este caso es el siguiente: la dama que solicitó la utilización del discriminante y pendejo velo mahometano era una mujer adulta. Esto le hizo entender al tribunal —aunque en la realidad sea incorrecto, ya que una mujer que pide que le dejen ponerse un discrimínate e indigno hijab demuestra que está severamente embrutecida con mahometismo— que la decisión de la dama fue libre, voluntaria y espontánea.

Distinto sería el caso si la que pide lo anterior fuera una menor de edad. Si ese hubiera sido el caso, entonces el tribunal tenía el deber de denegar la petición, toda vez que los menores de edad no tienen la madurez mental para entender, con profundidad intelectual, lo que significa someterse a las estupideces de las prácticas religiosas. Aunque no se desprende de este caso, es común que las mujeres tengan que someterse a los deseos de los hombres mahometanos de que utilicen los discriminantes, absurdos e indignantes velos mahometanos.

No hay que olvidar, por otra parte, que algunos tribunales de Estados democráticos han emitido decisiones aberrantes en torno a la utilización de velos mahometanos en los tribunales. Así, por ejemplo, en el estado de Georgia, en Estados Unidos de América, la Hon. Carol Hunstein, *Juez Presidente del Tribunal Supremo de Georgia*, ha emitido una decisión en la cual permite que las mujeres mahometanas testifiquen en los tribunales con sus velos mahometanos. [clxxxix]

Por otro lado, valga saber que el sijismo es una religión que «es una taracea ética de elementos del hinduismo y del Islam.»[cxc] Además de eso, debe tenerse presente que la mayoría de los practicantes de esta religión se encuentran en el estado de Panyab, en la India. Pues bien, valga saber que en muchas partes del mundo, se cometen actos discriminantes en contra de los practicantes de esta religión. Sin embargo, algunos organismos administrativos y algunos tribunales de algunos países, han emitido decisiones a favor de los practicantes del sijismo.

El primer ejemplo que presentamos proviene de Australia. Allí, un tribunal determinó que los centros nocturnos no pueden obligar a los practicantes del sijismo a quitarse sus turbantes al entrar a dichos negocios. Es decir, si un sij desea entrar a un club nocturno, los encargados de dichos lugares no pueden restringirle la entrada por el simple hecho de llevar un turbante. Tiene que ser así, aunque los clubes tengan códigos de vestimentas que prohíban las gorras, los sombreros y los turbantes por motivos de seguridad.[cxci]

El segundo ejemplo relacionado con el sijismo proviene de Canadá. Este país, un niño se personó a su escuela llevando encima un accesorio de su religión, que consiste en una peligrosa y cortante daga llamada **Kirpan**. Cuando los maestros vieron al niño —proveniente de una familia practicante del sijismo— portando esa peligrosa arma cortante, le ordenaron que se la quitara. Luego de un tiempo, los progenitores del menor entablaron un pleito legal en contra de la escuela por violación a los derechos civiles, específicamente, por violentar el derecho a la libertad de culto.

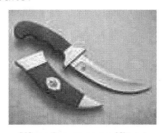

Véase lo que es un Kirpan

Así las cosas, luego de varios incidentes judiciales el caso llegó hasta el *Tribunal Supremo de Canadá*. Dicho tribunal determinó en el año 2006 —en el caso de Multani v. Commission scolaire Marguerite-Bourgeoys— que el pequeño sij podía portal su accesorio religioso en la escuela.[cxcii]

Al reflexionar sobre el caso anterior, tenemos que llegar a la conclusión de que la decisión del tribunal fue aberrante y peligrosa. Habida cuenta de que las escuelas, particularmente las públicas: (1) son los sagrados templos de la sabiduría laica; y (2) no son los lugares públicos adecuados para que los menores de edad modelen las vestimentas y los accesorios de sus respectivas religiones.

Además, también consideramos que la decisión del tribunal fue aberrante y peligrosa porque permitir que un menor de edad, por razones religiosas, porte en su escuela un objeto cortante que tiene la capacidad de ocasionar grave daño corporal: (1) puede poner en peligro a una o a varias personas dentro de la comunidad escolar; (2) abre la puerta para que niños que practican otras prácticas religiosas, también puedan asistir a sus escuelas con otros objetos religiosos de carácter cortante; y (3) abre la puerta para que los tribunales y los legisladores permitan que los estudiantes que asisten a las escuelas públicas y privadas, puedan ir a sus respectivos centros de enseñanza vestidos con vestimentas y accesorios religiosos, a pesar de existir reglamentos que lo prohíban.

Por tal razón, es que es altamente aconsejable que el Derecho establezca con claridad: (1) que los estudiantes que asisten a las escuelas públicas no pueden tomar sus clases vestidos con vestimentas religiosas; y (2) que el derecho a la libertad de culto no tiene el poder para dejar sin efecto los reglamentos promulgados por las escuelas privadas, en donde claramente se ha prohibido la asistencia a clases con vestimentas religiosas.

Este otro ejemplo, que se llama el extraño caso del microondas mahometano, proviene del estado de Wyoming. Veamos los hechos: en esta localidad, dos convictos que practicaban el islamismo demandaron al Estado por violación a sus derechos civiles en la Corte de Distrito de los Estados Unidos de América para el Distrito de Wyoming. Alegaron en la demanda, que las horas de comida en la institución carcelaria estaban en conflicto con sus horas de oraciones, lo que ocasionaba que no pudieran realizar dichas prácticas.

También alegaron que el gobierno tenía que comprarles microondas nuevos, ya que los que estaban instalados en la institución se utilizaban para calentar todo tipo de comidas, incluyendo platos con carne de cerdo. Según expusieron, esto ocasionaba que ellos —que le tienen pánico a todo lo que tenga que ver con carnes de cerdo, ya que así lo establece el Corán— no pudieran practicar su violenta religión como a ellos les agradaba.

Luego de varios trámites judiciales, las partes llegaron a un acuerdo con la anuencia del tribunal, y en un inusual acuerdo se estableció: (1) que los presos mahometanos podían quedarse con sus platos de comida en sus celdas hasta la llegada del próximo servicio de comida; (2) que la institución utilizaría fondos públicos para comprarles nuevos microondas a los mahometanos; y (3) que el gobierno le impediría a los miembros de la población correccional —suponemos que utilizarían para ello a varios guardias penales que cobran miles de dólares al mes— calentar platos de comida que tuvieran carne de cerdo en los nuevos microondas. [cxciii]

III. Ordenamientos Jurídicos Extranjeros

Un importante asunto que debemos discutir, es la macabra influencia que está ejerciendo el mahometismo en los ordenamientos jurídicos de los países no mahometanos. Sobre ese particular, debemos comenzar diciendo que el monstruoso mahometismo es «la religión que se extiende con más rapidez en el mundo.» [cxciv]

Esa significativa extensión del mahometismo por el resto del mundo ha penetrado en los ordenamiento jurídicos de muchos países, lo que ha ocasionado que comencemos a ver cómo en países no mahometanos se aprueban leyes penales con contenidos basados en reglas mahometanas. Así, por ejemplo, en esos países estamos comenzado a ver cómo se ha establecido en las leyes penales, que insultar el islamismo es un delito grave.

Además, también estamos viendo cómo en algunos países no mahometanos se ha tipificado como delito el fomentar el odio hacia el mahometismo. El problema con esto último es, que cometer el delito religioso de fomentar odio hacia el discriminante y macabro mahometismo, puede ser una crítica fundada o infundada hacia el mahometismo.

Por otro lado, es importante realizar otra observación: como todo abogado sabe, para suspender un juicio hay que presentarle al juez razones de peso. Los procedimientos judiciales no se pueden suspender por boberías y en algunas circunstancias, tampoco se pueden suspender por actos imputables a los acusados o a los demandantes. Pues bien, valga saber que en algunos países democráticos y amantes de la libertad, estamos comenzando a ver cómo algunos magistrados suspenden los procesos judiciales que se realizan en sus salas, en aras de que una de las partes implicadas —la víctima, el acusado, el demandante o el demandado— participe de actividades mahometanas.

Si eso es absurdo, más absurdo es observar que algunos magistrados suspenden los procesos en sus salas por motivo de que una de las partes implicada en el pleito, se encuentra en debilidad física-mahometana por voluntariamente participar en los ayunos mahometanos. ^{cxcv}

Pero eso no es lo único que estamos viendo. También estamos siendo testigos en algunos países no mahometanos, de cómo el derecho a la libertad de expresión está siendo coartado en aras de proteger al mahometismo de las críticas y de las burlas. Para ilustrar lo que venimos discutiendo de una mejor manera, veamos algunos ejemplos.

El primero de ellos proviene de la India, un país hinduista. Allí, un reportero escribió en un periódico un interesante y fundamentado artículo titulado «*Por qué yo debiese respetar las religiones opresivas*», en donde criticaba fundamentadamente al opresivo mahometismo. Eso ocasionó que los mahometanos se molestaran y que radicara una querella en contra del editor y del dueño del periódico. Luego de un tiempo, estas dos inocentes personas fueron arrestadas por cometer el delito de «herir la sensibilidad islámica».^{cxcvi}

El segundo ejemplo proviene del Reino de los Países Bajos, un país democrático. Allí, Geert Wilders, Presidente del Partido para la Libertad (PVV), realizó un documental llamado Fitna, en donde criticaba severa y fundamentadamente al mahometismo. Eso ocasionó que varios musulmanes, que odiaban la libertad de expresión y de prensa, le radicaran una querella a Wilders.

Luego de un tiempo, la querella llegó hasta el *Tribunal de Apelación de Ámsterdam* y dicho tribunal, influenciado por los argumentos mahometanos, indicó que Wilders podía ser acusado de cometer el «delito de discriminación e incitación al odio». Véase, con más detalle, las aberrantes palabras de este embrutecido tribunal:

«...las opiniones críticas de Wilders (incluidas también en su película 'Fitna') constituyen una ofensa criminal de acuerdo con la ley holandesa (...) tanto por sus contenidos como por la forma de presentarlas.»[cxcvii]

Capítulo cuatro

Desobedezcamos el Derecho Islámico

Hace más de dos mil años que el escritor, orador y político romano *Marco Tulio Cicerón,* indicó que debemos ser «esclavos de las leyes, para poder ser libres».[cxcviii] Eso, *en parte,* es cierto. Nos explicamos. No hay duda que todos y todas debemos respetar el Derecho vigente aunque no nos guste. Ahora bien, tenemos que reconocer que nadie tiene la obligación de respetar leyes, órdenes ejecutivas,reglamentos, jurisprudencias, ordenanzas municipales, entre otras normas jurídicas, que violenten de manera crasa y peligrosa nuestros Derechos Humanos.

Lo que es más, todos y todas tenemos el deber de infligir todas aquellas normativas jurídicas que violenten nuestros Derechos Humanos, pues, las normativas jurídicas que violenten nuestros Derechos Humanos son, por decir lo menos, un craso atentado en contra de nuestra existencia.

Pero eso no es todo, en circunstancias muy especiales es necesario que utilicemos la metralla para hacerle entender a los Estados tiránicos que nuestros Derechos Humanos se respetan. Si al utilizar la metralla matamos a unos cuantos de los políticos tiranos que deseaban violentarnos nuestros Derechos Humanos, pues que así sea. Ese es el precio que tienen que pagar los tiranos por realizar acciones como las que se describen.

Ahora bien, siempre hemos entendido que la desobediencia a leyes inhumanas y violatorias de los Derechos Humanos más básicos debe realizarse gradualmente. Así, lo primero que se debe hacer es la mera realización de lo prohibido. Una vez comiencen las detenciones gubernamentales, entonces debemos comenzar a realizar actos de desobediencia civil de carácter masivo. El propósito de esto último es crear conciencia colectiva sobre el particular y, sobre todo, crear un colapso del sistema judicial y carcelario.

Si lo anterior no funciona, entonces se deben realizar actos de sabotaje en facilidades gubernamentales, especialmente, en aquéllas que apoyaron las leyes violatorias de los Derechos Humanos, como por ejemplo, en los tribunales, en los palacios legislativos y en los palacios presidenciales. Si lo anterior tampoco funciona y el Estado toma medidas fuertes en contra de los desobedientes civiles, entonces y sólo entonces se debe sacar la metralla para ˙hacer valer los Derechos Humanos violentados.

Habiendo dicho eso, es de saber que en todos los países mahometanos hay miles de personas que, agraciadamente, se han percatado de que muchas de las normativas jurídicas establecidas por el Derecho Islámico son un atentado en contra de sus Derechos Humanos más básicos y preciados. Por tal razón, han comenzado a desobedecer esas normativas en aras de concienciar a las demás personas.

Esto nos trae hasta un caso que ocurrió en Afganistán. Allí, el pendejo Derecho Islámico establece que las mujeres no pueden aparecer en programas televisivos. Pues bien, un buen día del año 2004, una emisora televisiva trasmitió un programa en donde aparecían mujeres cantando.

Eso ocasionó que varios pendejos que estaban seriamente embrutecidos con mahometismo presentaran una querella en contra de la emisora televisiva.

Así las cosas y luego de varios trámites judiciales, la controversia llegó hasta el *Tribunal Supremo de Afganistán*. Dicho tribunal determinó, interpretando el satánico Derecho Islámico, que la querella tenía fundamento. Es decir, que los pendejos jueces que componían ese satánico tribunal mahometano, determinaron que las mujeres no podían aparecer en los programas televisivos, mucho menos si aparecían cantando.

Enterados de la decisión del herético tribunal, los valientes directivos de la emisora televisiva decidieron mandar al carajo la decisión del tribunal y volvieron a transmitir imágenes televisivas con mujeres mahometanas cantando. Eso no fue lo único que ocurrió y valga saber que el Ministerio de Cultura de Afganistán apoyó enérgicamente la actuación de los directivos del canal de televisión. Al respecto y en un comunicado de prensa, dicho ministerio indicó lo siguiente: «los miembros de esta institución son libres de expresarse en la prensa, (...) nosotros no creemos en la discriminación entre hombres y mujeres. No hay discriminación y no la habrá.»[cxcix]

Otro ejemplo de valentía femenina, que ocurrió en el 2009, proviene de Kuwait. Allí, el Derecho Islámico establece que las mujeres mahometanas no están obligadas a utilizar el discriminante, pendejo y arbitrario velo mahometano mientras se encuentren en lugares públicos. Sin embargo, dicho Derecho establece que las mujeres que ocupan cargos políticos sí deben llevarlo mientras ejercen sus funciones oficiales.

Pues bien, valga saber que dos mujeres mahometanas que fueron electas para ocupar escaños en el Parlamento de Kuwait, decidieron que no se iban a poner los discriminantes, pendejos e indignantes velos mahometanos mientras se encontraran laborando en el Parlamento. Eso ocasionó que varios hombres que estaban severamente embrutecidos con mahometismo, radicaran varias querellas en contra de las damas.

Valga saber que en las alegaciones de las querellas los quejosos mahometanos pedían: (a) que se obligara a las damas a utilizar los velos mahometanos; o (b) que se separara a las damas de sus puestos políticos, hasta que no se pusieran los cabrones velos. Luego de un tiempo, la controversia llegó hasta el **Tribunal Constitucional de Kuwait** y dicho tribunal determinó que las damas Rola al Dushti & Asil al Awedi, podían acudir al Parlamento «sin el velo islámico.»[cc]

En un capítulo anterior observamos que la religión mahometana es, por mucho, la religión más peligrosa para la libertad de expresión. De hecho, no podemos negar que «con frecuencia los musulmanes son los creyentes que con más frecuencia se sienten ofendidos por cualquier intento de laicismo o libertad de expresión.»[cci]

El gran problema con el mahometismo es que, cuando los mahometanos se sienten ofendidos cada vez que se dice o se hace algo en contra de su macabra religión, la emprenden en contra de las personas que realizaron las acciones ofensivas. Llegan al punto, de que hacen todo lo posible para

Ismael Leandry Vega

que los sistemas de justicia castiguen a los ofensores de su macabra religión.

Pues bien, valga saber que nosotros entendemos que el mundo tiene que hacerle frente al fundamentalismo mahometano. El mundo tiene que hacerle entender a los fanáticos del mahometismo que la libertad de expresión se respeta y, además, que las religiones no deben estar protegidas de los ataques que se les realicen. Para hacerles entender eso a los fanáticos del Islam, tenemos que seguir criticando, mofándonos y difamando hasta más no poder al mahometismo. Cuando comiencen los ataques de los mahometanos hacia las críticas que se le han realizado a su asquerosa religión, entonces tenemos que seguir criticando, difamando y mofándonos del Islam, pero en este caso con más fuerza.

Hay que demostrarle a los fanáticos del Islam: (1) que no les tenemos miedo; y (2) que hacemos valer nuestro sagrado derecho a la libertad de expresión. En la medida en que sintamos miedo, los fundamentalistas del Islam seguirán con sus posturas antilibertad de expresión y, además, lograrán que los estados aprueben normativas jurídico-islámicas que castiguen toda expresión negativa hacia el discriminante mahometismo.

Capítulo cinco
Frases y pensamientos

1. Toda mujer mahometana, por el simple hecho de existir, tiene el derecho de expresar sus ideas libremente.

Ismael Leandry-Vega

2. En algunas circunstancias muy especiales, es necesaria la metralla para ponerle un freno a los fundamentalistas mahometanos.

Ismael Leandry-Vega

3. Islam significa, en apretada síntesis, no querer reconocer las libertades individuales.

Ismael Leandry-Vega

4. Islam significa, no querer respetar los Derechos Humanos.

Ismael Leandry-Vega

5. Todo hombre mahometano, en mayor o menor grado, desea que su país sea liderado por un régimen teocrático.

Ismael Leandry-Vega

6. Siempre que se han utilizado reglas de conducta mahometanas como modelo para aprobar leyes y reglamentos, los resultados han sido catastróficos.

Ismael Leandry-Vega

7. Islam es sinónimo de pederastia y paidofilia.

Ismael Leandry-Vega

8. El Islam transforma a muchas personas en seres violentos, discriminantes e intolerantes.

Ismael Leandry-Vega

9. No podemos olvidar que el Islam no es sino un obstáculo para el disfrute de las libertades.

Ismael Leandry-Vega

10. No podemos olvidar que el mahometismo no es sino un obstáculo para el reconocimiento de los Derechos Humanos.

Ismael Leandry-Vega

11. En ningún momento de la historia, el mahometismo ha servido para proteger a la mujer.

Ismael Leandry-Vega

12. El Islam no es otra cosa que una invención masculina para cometer adulterio de manera legal.

Ismael Leandry-Vega

13. El Islam no es otra cosa que una invención humana para cometer agresiones sexuales de manera legal en contra de las jovenes mahometanas.

Ismael Leandry-Vega

14. El Islam es, por decir lo menos, un insulto a la mujer.

Ismael Leandry-Vega

15. Allí donde domina el mahometismo, la irracionalidad domina el pensamiento de la mayoría de las personas.

Ismael Leandry-Vega

16. La inexistente cosa esa llamada Alá, ¿tiene pene o vagina?

Ismael Leandry-Vega

17. ¡Ay de aquel día en que un mahometano logre ocupar una silla en el Tribunal Supremo de los Estados Unidos de América!

Ismael Leandry-Vega

18. Uno de los grandes errores de la humanidad ha sido crear el Islam.

Ismael Leandry-Vega

19. Islam en sinónimo de violencia doméstica.

Ismael Leandry-Vega

20. El fin último de los líderes del Islam, es crear un nuevo orden mahometano en el mundo que le permita convertir al mundo entero en una grotesca teocracia mahometana.

Ismael Leandry-Vega

21. Religión, embuste y fraude es lo mismo.

Ismael Leandry-Vega

22. Allí donde comienza el Islam, los Derechos Humanos de las mujeres callan.

Ismael Leandry-Vega

23. Islam y violencia doméstica son lo mismo.

Ismael Leandry-Vega

24. Allí donde comienza el Islam, la inviolabilidad de la dignidad humana sufre.

Ismael Leandry-Vega

25. Allí donde comienza el Islam, la paz calla.

Ismael Leandry-Vega

26. ¡Ay de aquel día en que el mahometismo se convierta en la religión mayoritaria de América!

Ismael Leandry-Vega

27. ¡Ay de aquel día en que un fundamentalista del mahometismo adquiera una bomba nuclear!

Ismael Leandry-Vega

28. La educación islámica que se les ofrece a los niños en los países mahometanos, nunca ha servido para desarrollar un pensamiento crítico y científico en los niños. Además, a través de la educación islámica, los niños no obtienen las herramientas educativas necesarias para que contribuyan significativamente en la sociedad una vez lleguen a la adultez. Indudablemente, los niños que son educados solamente con educación islámica, tienen un alto potencial de convertirse en escorias sociales una vez lleguen a la adultez.

Ismael Leandry-Vega

29. Las mujeres mahometanas, especialmente las que están sometidas al yugo de los hombres mahometanos, tienen el deber de romper dichos yugos a través de cualquier medio. Las mujeres mahometanas que no hagan lo anterior, indudablemente demuestran que adoran ser propiedad de los hombres mahometanos.

Ismael Leandry-Vega

30. En Estados Unidos de América y sus territorios, si un hombre mahometano obliga a su esposa a utilizar un velo mahometano, comete el delito de violencia doméstica.

Ismael Leandry-Vega

31. En Estados Unidos de América y sus territorios, si un padre mahometano obliga a su hija a utilizar un velo mahometano, comete el delito de maltrato de menores de edad.

Ismael Leandry-Vega

32. Cuando los imanes hablan, la ciencia calla.

Ismael Leandry-Vega

33. En ningún momento de la historia, la educación mahometana ha servido para fomentar el estudio de la ciencia.

Ismael Leandry-Vega

34. El Derecho Islámico es discriminante, injusto y abusivo.

Ismael Leandry-Vega

35. En los países democráticos, no se puede permitir que una mujer mahometana testifique en un proceso judicial vistiendo un discriminante y abusivo velo mahometano. Aunque la utilización del velo es parte de la libertad de culto, permitirlo en los procesos judiciales choca severamente con el derecho que tiene toda persona a que no se le violente su dignidad como ser humano. Una dama que testifique en un proceso judicial o administrativo con un velo mahometano, aunque no se percate de ello debido a su embrutecimiento mental debido al mahometismo que practica, está permitiendo que su derecho a la inviolabilidad de su dignidad sea pisoteado. Los tribunales de los países democráticos no pueden permitir eso. Si el Derecho de los países democráticos permite estos actos, entonces los tribunales tienen que permitir otras vestimentas religiosas dentro de sus salas, aun cuando dichas vestimentas sean indignas, discriminantes y no adecuadas para ser utilizadas en las salas de los tribunales.

Ismael Leandry-Vega

36. ¡Ay de aquel día en que el Islam se convierta en la religión mayoritaria de la Unión Europea!

Ismael Leandry-Vega

37. ¡Ay de aquel día en que el Presidente de la Unión Europea practique el mahometismo!

Ismael Leandry-Vega

38. En los Estados Unidos de América y sus territorios, si un progenitor utiliza fuerza o intimidación para obligar a sus hijos a orarle a la inexistente cosa esa llamada Dios, comete el delito de maltrato de menores de edad.

Ismael Leandry-Vega

39. El Islam tiene el poder de convertir a un adolescente en un ser discriminante, machista y religiosamente violento.

Ismael Leandry-Vega

Referencias

[i]**Censuran filme holandés sobre Islam.** (2008, 23 de marzo). *British Broadcasting Corporation (BBC)*. Londres, Reino Unido. Recuperado el 30 de diciembre de 2008, de http://news.bbc.co.uk/hi/spanish/news/.

[ii]**Preguntas y respuestas frecuentes sobre el Islam.** (s.f.). *Agencia Católica de Informaciones (ACI)*. Lima, Perú. Consultado el 2 de mayo de 2007, de http://www.aciprensa.com/.

[iii]**Islam.** (2007). Enciclopedia Microsoft Encarta Online 2007. *Microsoft Corporation*.: Redmond, WA. [Versión "online" en español].

[iv]**Alá.** (2007). Enciclopedia Microsoft Encarta Online 2007. *Microsoft Corporation*.: Redmond, WA. [Versión "online" en español].

[v]**Islam.** (2007). Enciclopedia Microsoft Encarta Online 2007. *Microsoft Corporation*.: Redmond, WA. [Versión "online" en español]; léase, además: Rodríguez, F. Y. (2010). **La religión de la paz desea islamizar a Europa.** *Blog Sin Dioses*. Consultado el 29 de enero de 2010, de http://blog-sin-dioses.blogspot.com/.

[vi]**Censuran filme holandés sobre Islam.** (2008, 23 de marzo). *British Broadcasting Corporation (BBC)*. Londres, Reino Unido. Recuperado el 30 de diciembre de 2008, de http://news.bbc.co.uk/hi/spanish/news/.

[vii]**El primer pilar del Islam: La declaración de fe.** (2008). *Web Islam*. Información consultada el 28 de diciembre de 2009, de http://www.webislam.com/.

[viii]**Radiografía del Islam.** (2001, 2 de octubre). *British Broadcasting Corporation (BBC)*. Londres, Reino Unido. Recuperado el 30 de diciembre de 2008, de http://news.bbc.co.uk/hi/spanish/news/.

[ix]**¿Qué es el Islam?** (2006). Montevideo, Uruguay.: *Monografías*. Recuperado el 12 de noviembre de 2009, de http://www.monografias.com/.

[x]**El segundo pilar del Islam: La oración.** (2008). *Web Islam*. Información consultada el 28 de diciembre de 2009, de http://www.webislam.com/.

[xi]**El segundo pilar del Islam: La oración.** (2008). *Web Islam*. Información consultada el 28 de diciembre de 2009, de http://www.webislam.com/.

[xii]**El primer pilar del Islam: La declaración de fe.** (2008). *Web Islam*. Información consultada el 28 de diciembre de 2009, de http://www.webislam.com/.

[xiii]**Islam.** (2007). Enciclopedia Microsoft Encarta Online 2007. *Microsoft Corporation*.: Redmond, WA. [Versión "online" en español]; **Radiografía del Islam.** (2001, 2 de octubre). *British Broadcasting Corporation (BBC)*. Londres, Reino Unido. Recuperado el 30 de diciembre de 2008, de http://news.bbc.co.uk/hi/spanish/news/.

[xiv]Argel, J. (1988). **"¿Cuándo empieza el Ramadán?"**. Madrid, España.: *El País*. Madrid, España. Consultado el 11 de septiembre de 2001, de http://www.elpais.com/; Islam. (2007). Enciclopedia Microsoft Encarta Online 2007. *Microsoft Corporation*.: Redmond, WA. [Versión "online" en español].

[xv]**Radiografía del Islam.** (2001, 2 de octubre). *British Broadcasting Corporation (BBC)*. Londres, Reino Unido. Recuperado el 30 de diciembre de 2008, de http://news.bbc.co.uk/hi/spanish/news/.

[xvi]Argel, J. (1988). **"¿Cuándo empieza el Ramadán?"**. Madrid, España.: *El País*. Madrid, España. Consultado el 11 de septiembre de 2001, de http://www.elpais.com/.

xviiIslam. (2007). Enciclopedia Microsoft Encarta Online 2007. *Microsoft Corporation*.: Redmond, WA. [Versión "online" en español].

xviii(Subrayado nuestro). Islam. (2007). Enciclopedia Microsoft Encarta Online 2007. *Microsoft Corporation*.: Redmond, WA. [Versión "online" en español]; Yakarta, E. (2007). **La Historia del Islam es la de la Guerra Santa**. *El Revolucionario*. Información consultada el 28 de diciembre de 2009, de http://www.elrevolucionario.org/.

xixLlama el 'número dos' de Al Qaeda a guerra santa. (2006, 28 de julio). Guaynabo, Puerto Rico. *El Nuevo Día*. Recuperado el 28 de julio de 2006, de http://www.endi.com/; Alfonso Rojo. (2005, 27 de febrero). **El terrorista precavido**. *Diario ABC*. Madrid, España. Consultado el 27 de febrero de 2005, de http://www.abc.es.

xxYakarta, E. (2007). **La Historia del Islam es la de la Guerra Santa**. *El Revolucionario*. Información consultada el 28 de diciembre de 2009, de http://www.elrevolucionario.org/.

xxi(Subrayado nuestro). **Encuentro de mujeres para descubrir la violencia religiosa en la vida cotidiana**. (2009). *Diario C*. Catamarca, Argentina. Información consultada el 1 de abril de 2009, de http://www.diarioc.com.ar/.

xxiiEl desafío a la humanidad de Hirsi Ali. (2007, 15 de mayo). *El Reloj. Jerusalén, Israel*. Consultado el 31 de diciembre de 2007, de http://elreloj.com/article.php?id=23155.

xxiiiOscar Gutiérrez. (2006, 22 de noviembre). **El velo de la polémica...y el burka, el niqab, el chador**. *20minutos*. Madrid. España. Recuperado el 20 de enero de 2008, de http://www.20minutos.es/.

xxivValga saber que la imagen fue recuperada de una página de Internet de carácter pública, a saber, de: U.S. Agency for International Development in Afghanistan. (2009). **Education**. Kabul, Afghanistan. Recuperado el 30 de diciembre de 2009, de http://afghanistan.usaid.gov/images/Photo.300.125.aspx.

xxvOscar Gutiérrez. (2006, 22 de noviembre). **El velo de la polémica...y el burka, el niqab, el chador**. *20minutos*. Madrid. España. Recuperado el 20 de enero de 2008, de http://www.20minutos.es/.

xxviEl Tribunal Constitucional de Kuwait apoya que las diputadas puedan ir sin velo. (2009). California, EE. UU.: *Yahoo News*. Información consultada el 31 de diciembre de 2009, de http://news.yahoo.com/.

xxviiEl desafío a la humanidad de Hirsi Ali. (2007, 15 de mayo). *El Reloj*. Jerusalén, Israel. Consultado el 31 de diciembre de 2007, de http://elreloj.com/article.php?id=23155.

xxviiiCondenan a dos mujeres por reclamar igualdad de derechos. (2008, 16 de septiembre). *Noticias Telemundo Yahoo*. California, EE. UU. Consultado el 3 de abril de 2009, de http://noticias.telemundo.yahoo.com/.

xxixAfganistán: las mujeres todavía esperan. (2009, agosto). Londres, Reino Unido.: *British Broadcasting Corporation (BBC)*. Recuperado el 30 de diciembre de 2009, de http://news.bbc.co.uk/hi/spanish/news/.

xxxFounder of US Islamic TV station accused of beheading wife. (2009). Estados Unidos.: *Religion News Blog*. Información consultada el 1 de enero de 2010, de http://www.religionnewsblog.com/; léase, además: Kamran Memon. (s.f.). **Wife Abuse in the Muslim Community**. Nueva York, EE.UU.: *About.com*. Recuperado el 29 de diciembre de 2009, de http://atheism.about.com/.

xxxiUna mujer iraní quemada con ácido decide aplicar la ley del Talión a su verdugo. (2009, marzo). *La Vanguardia*. Barcelona, España.: La Vanguardia Ediciones. Recuperado el 31 de diciembre de 2009, de http://www.lavanguardia.es/.

xxxiiArabia decapita a 2 hombres; ambos fueron declarados culpables de narcotráfico. (2008, 20 de enero). Guaynabo, Puerto Rico.: *El Nuevo Día*. [Versión Electrónica].

xxxiiiIslam. (2007). Enciclopedia Microsoft Encarta Online 2007. *Microsoft Corporation*.: Redmond, WA. [Versión "online" en español].

xxxivUn joven es condenado a 15 años de cárcel en Arabia Saudí por fotografiar a una chica. (2008). *El País*. Madrid, España. Consultado el 29 de diciembre de 2008, de http://www.elpais.com/.

xxxvRussian woman put on trial in Dubai for drinking juice in public. (2008). *Pravda.Ru*. Información consultada el 11 de diciembre de 2008, de http://english.pravda.ru/society/stories/106429-dubai-0.

xxxviArrestado por hablar de sexo. (2009, 25 de julio). Madrid, España.: *El Mundo*. Consultado el 29 de diciembre de 2009, de http://www.elmundo.es/.

xxxviiDiccionario de la Lengua Española. (2009). **Paidofilia**. (Vigésima segunda edición). Madrid, España.: *Real Academia Española & Espasa-Calpe*. Versión electrónica consultada el 31 de diciembre de 2009, de http://www.rae.es/.

xxxviiiDiccionario de la Lengua Española. (2009). **Pederastia**. (Vigésima segunda edición). Madrid, España.: *Real Academia Española & Espasa-Calpe*. Versión electrónica consultada el 31 de diciembre de 2009, de http://www.rae.es/.

xxxixUn tribunal de Arabia Saudí permite que un hombre de más de 50 años se case con una niña de nueve. (2009). *Público*. Madrid, España. Información consultada el 30 de diciembre de 2009, de http://www.publico.es/.

xlIrán lapidó a dos adúlteros. (2009, enero). *Univision Communications Inc*. Los Angeles, California. Recuperado el 12 de febrero de 2009, de http://www.univision.com/.

xliRights Advocates Condemn Iran for Executing 2 Young Men. (2005, 29 de julio). New York, NY.: *The New York Times*. Recuperado el 29 de diciembre de 2005, de http://www.nytimes.com/; Steven Eke. (2005). Iran 'must stop youth executions'. Londres, Reino Unido.: *British Broadcasting Corporation (BBC)*. Recuperado el 30 de diciembre de 2006, de http://news.bbc.co.uk/hi/spanish/news/.

xliiIran: Death penalty for man accused of homosexuality. (2008, 24 de septiembre). *Adnkronos International*. Información consultada el 24 de septiembre de 2008, de http://www.adnkronos.com/AKI/English/Security/?id=1.0.2506821385; Dareini, A. (2009, 2 de mayo). Iran hangs woman convicted of murder as a minor. Seattle, EEUU.: *Newsvine*. Información consultada el 30 de junio de 2009, de http://www.newsvine.com/_news/2009/05/02/2765771-iran-hangs-woman-convicted-of-murder-as-a-minor.

xliii(Énfasis nuestro). Ulemas consideran apóstatas a defensores de la abolición de la pena de muerte. (2009). *El Confidencial*. España. Información consultada el 30 de enero de 2009, de http://www.elconfidencial.com/; véase, además: **Argelia**. (2008). Enciclopedia Microsoft Encarta Online 2008. *Microsoft Corporation*.: Redmond, WA. [Versión "online" en español].

xlivIslam. (2007). Enciclopedia Microsoft Encarta Online 2007. *Microsoft Corporation*.: Redmond, WA. [Versión "online" en español].

Derecho Satánico   *127* xlvEmma Thomasson & Juana Casas. **Legislador holandés estrena filme contra el Corán: partido.** (2008,27 de marzo). *Reuters.* South Colonnade, Canary Wharf, London. Recuperado el 18 de agosto de 2008, de http://lta.today.reuters.com/.

xlviExaminan el caso de una mujer condenada a 10 años prisión por intentar romper el Corán. (2008, octubre). Madrid, España.: *Escepticismo.* Información consultada el 28 de diciembre de 2009, de http://www.escepticismo.es/religiones/Noticias-religiones/.

xlvii(Subrayado nuestro). **Impostergable reconocer la sharia en el Reino Unido: arzobispo de Canterbury.** (2008). *Nurain Magazine.* Recuperado el 30 de diciembre de 2008, de http://nurainmagazine.wordpress.com/2008/02/07/impostergable-reconocer-la-sharia-en-el-reino-unido-arzobispo-de-canterbury/.

xlviiiDefensa islámica de la pena capital: Imán promueve amputaciones y castigos físicos a criminales. (2007, 19 de diciembre). *El Nuevo Día.* Guaynabo, Puerto Rico. [Versión Electrónica].

xlixDefensa islámica de la pena capital: Imán promueve amputaciones y castigos físicos a criminales. (2007, 19 de diciembre). *El Nuevo Día.* Guaynabo, Puerto Rico. [Versión Electrónica].

l¿Ley Sharia en el Reino Unido? (2008, 8 de febrero). *British Broadcasting Corporation (BBC).* Londres, Reino Unido. Recuperado el 30 de diciembre de 2008, de http://news.bbc.co.uk/hi/spanish/news/.

liYesyd-Rodríguez, F. (2009). **La sharia llega a Indonesia.** *Blog Sin dioses.* Consultado el 29 de diciembre de 2009, de http://blog-sin-dioses.blogspot.com/.

liiWarraq, Ibn. (2003). **Por qué no soy musulmán.** Barcelona, España.: *Ediciones Del Bronce.*

liiiYesyd-Rodríguez, F. (2009). **La sharia llega a Indonesia.** *Blog Sin dioses.* Consultado el 29 de diciembre de 2009, de http://blog-sin-dioses.blogspot.com/; Somalia ya es un nuevo Estado islámico. (2009, abril). *Público.* Madrid, España. Información consultada el 30 de diciembre de 2009, de http://www.publico.es/; Los tribunales islámicos funcionan ya con plena autoridad en la región de Malakand, donde se ubica Swat. (2009, abril). *Europa Press.* Madrid, España. Recuperado el 31 de diciembre de 2009, de http://www.europapress.es/.

livAndujar, N. (2008). **Sobre cómo usar las fatuas con fines islamófobos.** *Web Islam. Revista Al-Qibla. Asociación Islámica Badr de Melilla.* Información consultada el 20 de enero de 2009, de www.webislam.com/pdf/pdf.asp?idt=9713.

lvEl Tribunal Constitucional de Kuwait apoya que las diputadas puedan ir sin velo. (2009). California, EE.UU.: *Yahoo News.* Información consultada el 31 de diciembre de 2009, de http://news.yahoo.com/.

lviFatua contra las estatuas deja de piedra a los artistas egipcios. (2006, 1 de abril). Montevideo, Uruguay.: *La República 21.* Información consultada el 20 de enero de 2009, de http://www.larepublica.com.uy/; Conger, G. (2008, 14 de septiembre). Islamic theologian says Mickey Mouse must die. Londres, Reino Unido.: *Religious Intelligence.* Información consultada el 11 de diciembre de 2008, de http://www.religiousintelligence.co.uk/.

lviiA golpe de fatua. (2007). *El Periódico.* España. Información consultada el 23 de enero de 2009, de http://www.elperiodico.com/.

lviiiEmiten amenaza contra musulmanes conversos que cambien de religión. (2008, 22 de enero). *El Universal.* México City, México. Recuperado el 20 de enero de 2009, de http://www.eluniversal.com.mx/noticias.html; véase, además: **Fetua contra político indio que se convirtió al Islam para casarse de nuevo.** (2008). *Terra, Noticias*. Madrid, España. Recuperado el 1 de diciembre de 2009, de http://www.terra.com/noticias/.

lix**Un joven es condenado a 15 años de cárcel en Arabia Saudí por fotografiar a una chica.** (2008). *El País*. Madrid, España. Consultado el 29 de diciembre de 2008, de http://www.elpais.com/.

lx**Rushdie no volverá a contraer matrimonio.** (2009, 3 de enero). *El Salvador*. San Salvador, El Salvador. Información consultada el 20 de enero de 2009, de http://www.elsalvador.com/mwedh/nota/nota_completa.asp?idCat=6482&idArt=31926 73; **Ratifica Irán la validez de la condena a muerte contra Salman Rushdie.** (2009, febrero). *La Jornada*. Ciudad de México, México. Recuperado el 31 de diciembre de 2009, de http://www.jornada.unam.mx/.

lxi**Joseph Joubert.** (2006). *Proverbia*. Recuperado el 6 de junio de 2006, de http://www.proverbia.net/.

lxii**Una mujer es condenada en Pakistán a ser violada por los abusos de su marido a una menor.** (2007). Madrid, España.: *20minutos*. Recuperado el 31 de diciembre de 2009, de http://www.20minutos.es/.

lxiii**Familia entierra viva a una adolescente en Turquía.** (2010, febrero). Guaynabo, Puerto Rico.: *Primera Hora*. [Versión electrónica].

lxiv**Robin Mc Dowell. Entierran vivas a cinco mujeres por desear escoger a sus esposos.** (2008, 31 de agosto). *El Nuevo Día*. Guaynabo, Puerto Rico. [Versión Electrónica]; **Five women buried alive in name of honour.** (2008, 25 de agosto).*Pakistán News Service, PakTribune*. Rawalpindi, Pakistán. Información consultada el 31 de agosto de 2008, de http://paktribune.com/news/index.shtml?204881.

lxv**Dolorosa condena por ligones: dos jóvenes saudíes recibirán 70 latigazos cada uno y tendrán que memorizar el Corán por piropear a una joven.** (2008, 8 de marzo). *El Nuevo Día*. Guaynabo, Puerto Rico. [Versión Electrónica].

lxvi**Dolorosa condena por ligones: dos jóvenes saudíes recibirán 70 latigazos cada uno y tendrán que memorizar el Corán por piropear a una joven.** (2008, 8 de marzo). *El Nuevo Día*. Guaynabo, Puerto Rico. [Versión Electrónica].

lxvii**La policía iraní asalta la sede de un grupo de defensa de los Derechos Humanos.** (2008). *El País*. Madrid, España. Consultado el 31 de diciembre de 2008, de http://www.elpais.com/; **Religious police in Saudi Arabia arrest mother for sitting with a man.** (2008). Estados Unidos.: *Religion News Blog*. Información consultada el 13 de enero de 2010, de http://www.religionnewsblog.com/; **HRW pide al rey saudí que impida ejecución de una mujer acusada de brujería.** (2008,14 de febrero). *Terra, Noticias*. Madrid, España. Recuperado el 3 de abril de 2008, de http://www.terra.com/noticias/.

lxviii**Religious police in Saudi Arabia arrest mother for sitting with a man.** (2008). Estados Unidos.: *Religion News Blog*. Información consultada el 13 de enero de 2010, de http://www.religionnewsblog.com/.

lxix**Analizan impacto de la web en la democracia.** (2009, noviembre). Guaynabo, Puerto Rico.: *El Nuevo Día*. Recuperado el 30 de diciembre de 2009, de http://www.elnuevodia.com/.

lxx**Irán advierte a oposición sobre Internet.** (2010, enero). Londres, Reino Unido.: *British Broadcasting Corporation (BBC)*. Recuperado el 30 de enero de 2010, de http://news.bbc.co.uk/hi/spanish/news/; **Los 12 enemigos de Internet.** (2009, marzo).

Derecho Satánico

British Broadcasting Corporation (BBC). Londres, Reino Unido. Recuperado el 30 de diciembre de 2009, de http://news.bbc.co.uk/hi/spanish/news/.

lxxiAtacan iglesias en Irak. (2009, julio). Londres, Reino Unido.: *British Broadcasting Corporation (BBC)*. Recuperado el 30 de diciembre de 2009, de http://news.bbc.co.uk/hi/spanish/news/; Una mujer es condenada en Pakistán a ser violada por los abusos de su marido a una menor. (2007). Madrid, España.: *20minutos*. Recuperado el 31 de diciembre de 2009, de http://www.20minutos.es/; Matan y mutilan en votación afgana. (2009, agosto). Guaynabo, Puerto Rico.: *El Nuevo Día*. [Versión Electrónica]; Naweed Haidary. Si votan les cortan el dedo. (2009, agosto). Guaynabo, Puerto Rico.: *El Nuevo Día*. Recuperado el 30 de diciembre de 2009, de http://www.elnuevodia.com/; Islamistas radicales de Somalia decapitan a cuatro cristianos. (2009). Moscú, Rusia.: *Agencia Rusa de Información Novosti*. Información consultada el 1 de noviembre de 2009, de http://sp.rian.ru/religion/.

lxxiiJudíos ultraortodoxos atacan a una mujer por usar un parking en sábado. (2009, agosto). Madrid, España.: *Escepticismo*. Información consultada el 28 de diciembre de 2009, de http://www.escepticismo.es/religiones/Noticias-religiones/; léase, además: Las líneas de bus ultraortodoxas de Israel separan hombres de mujeres. (2009). Barcelona, España.: *La Vanguardia Ediciones*. Recuperado el 30 de diciembre de 2009, de http://www.lavanguardia.es/; Yanki Tauber. (2009) ¿Por qué en Shabat hay tantas prohibiciones? *Chabad-Lubavitch Media Center*. Información consultada el 23 de enero de 2009, de http://www.es.chabad.org/; Ocio y Creatividad. (s.f.). *Chabad-Lubavitch Media Center*. Información consultada el 23 de enero de 2009, de http://www.es.chabad.org/; Viajar. (s.f.). Chabad-Lubavitch Media Center. Información consultada el 23 de enero de 2009, de http://www.es.chabad.org/.

lxxiiiJudíos ultraortodoxos atacan a una mujer por usar un parking en sábado. (2009, agosto). Madrid, España.: *Escepticismo*. Información consultada el 28 de diciembre de 2009, de http://www.escepticismo.es/religiones/Noticias-religiones/.

lxxivCook, J. (2008, 15 de septiembre). Las 'patrullas del recato' vigilan a las que no viven de acuerdo con sus normas morales. Madrid, España.: *Rebelión*. Información consultada el 11 de diciembre de 2008, de http://www.rebelion.org/.

lxxvEntrevista al P. Samir Khalil Samir, SJ, Profesor en Roma y Beirut de relaciones islamo-cristianas en relación a los cristianos sofocados por el Islam. (s.f.). *Agencia Católica de Informaciones (ACI)*. Lima, Perú. Consultado el 2 de mayo de 2007, de http://www.aciprensa.com/.

lxxviEl Islam por países. (s.f.). Lima, Perú.: *Agencia Católica de Informaciones (Aciprensa)*. Información consultada el 31 de diciembre de 2009, de http://www.aciprensa.com/.

lxxviiEstado Libre Asociado de Puerto Rico; Exposición de Motivos de la Ley Número 184 del 1 de septiembre de 2006.

lxxviiiArtículo II, Sección 5 de la Constitución del Estado Libre Asociado de Puerto Rico.

lxxixIrán lapidó a dos adúlteros. (2009, enero). *Univision Communications Inc*. Los Angeles, California. Recuperado el 12 de febrero de 2009, de http://www.univision.com/.

lxxxAmnistía Internacional Sección Española. (2008, 8 de febrero). Irán: Pongamos fin a las lapidaciones. Madrid, España. Consultado el 8 de febrero de 2008, de http://web.es.amnesty.org/iran-lapidaciones/; Arshad Mohammed, Susan Cornwell & Silene Ramírez. Datos: EEUU evalúa historial DDHH en naciones de Oriente Medio. (2008,11 de marzo). *Reuters*. South Colonnade, Canary Wharf, London. Recuperado el 18 de agosto de 2008, de http://lta.today.reuters.com/; Irán lapidó a dos adúlteros. (2009, enero). *Univision Communications Inc.* Los Angeles, California. Recuperado el 12 de febrero de 2009, de http://www.univision.com/.

lxxxiAmnistía Internacional Sección Española. (2008, 8 de febrero). **Irán: Pongamos fin a las lapidaciones.** Madrid, España. Consultado el 8 de febrero de 2008, de http://web.es.amnesty.org/iran-lapidaciones/.

lxxxiiBashir Adigun. **Nigeriano con 86 esposas es arrestado por infringir la ley.** (2008, 16 de septiembre). *Primera Hora.* Guaynabo, Puerto Rico. [Versión Electrónica].

lxxxiii**Arrestado por hablar de sexo.** (2009, 25 de julio). Madrid, España.: *El Mundo.* Consultado el 29 de diciembre de 2009, de http://www.elmundo.es/.

lxxxiv**Mil latigazos y cinco años de cárcel por contar en televisión su vida sexual.** (2009, octubre). Guaynabo, Puerto Rico.: *Primera Hora.* [Versión electrónica].

lxxxvMaulana Abul Ala Maududi. (s.f.). **La Orden Social Islámica.** *US Islam.* Información consultada el 31 de diciembre de 2008, de http://www.usislam.org/latinos/spanish/ordensocialislamica.htm.

lxxxviJhonatan Francisco. (2008). **No a la Pornografía Infantil.** *Extremisimo.* Información consultada el 30 de junio de 2009, de http://extremisimo.com/no-a-la-pornografia-infantil/.

lxxxvii**Preguntas y respuestas frecuentes sobre el Islam.** (s.f.). *Agencia Católica de Informaciones (ACI).* Lima, Perú. Consultado el 2 de mayo de 2007, de http://www.aciprensa.com/; léase, además: **Embarazada y soltera: si la deportan a Marruecos, a la cárcel.** (2009, octubre). *Red de Blogs Ateos.* Información consultada el 28 de diciembre de 2009, de http://redatea.net/.

lxxxviii**Preguntas y respuestas frecuentes sobre el Islam.** (s.f.). *Agencia Católica de Informaciones (ACI).* Lima, Perú. Consultado el 2 de mayo de 2007, de http://www.aciprensa.com/.

lxxxix**Embajador árabe cancela su boda por la barba de la novia.** (2010, febrero). Londres, Reino Unido.: *British Broadcasting Corporation (BBC).* Recuperado el 30 de marzo de 2010, de http://news.bbc.co.uk/hi/spanish/news/.

xc**Embarazada y soltera: si la deportan a Marruecos, a la cárcel.** (2009, octubre). *Red de Blogs Ateos.* Información consultada el 28 de diciembre de 2009, http://redatea.net/.

xciYesyd-Rodríguez, F. (2009). **La sharia llega a Indonesia.** *Blog Sin dioses.* Consultado el 29 de diciembre de 2009, de http://blog-sin-dioses.blogspot.com/.

xcii**Embarazada y soltera: si la deportan a Marruecos, a la cárcel.** (2009, octubre). *Red de Blogs Ateos.* Información consultada el 28 de diciembre de 2009, http://redatea.net/.

xciii**Mil latigazos y cinco años de cárcel por contar en televisión su vida sexual.** (2009, octubre). Guaynabo, Puerto Rico.: *Primera Hora.* [Versión electrónica]; **Arrestado por hablar de sexo.** (2009, 25 de julio). Madrid, España.: *El Mundo.* Consultado el 29 de diciembre de 2009, de http://www.elmundo.es/.

xciv**Embajador árabe cancela su boda por la barba de la novia.** (2010, febrero). Londres, Reino Unido.: *British Broadcasting Corporation (BBC).* Recuperado el 30 de marzo de 2010, de http://news.bbc.co.uk/hi/spanish/news/.

xcv**Irán lapidó a dos adúlteros.** (2009, enero). *Univision Communications Inc.* Los Angeles, California. Recuperado el 12 de febrero de 2009, de http://www.univision.com/.

xcvi**Azotarán a mujer musulmana en Malasia por beber cerveza.** (2009, septiembre). Guaynabo, Puerto Rico.: *Primera Hora.* [Versión Electrónica]; léase, además: Beh Lih Yi.

Derecho Satánico 131

Malaysians debate whipping for beer-drinking model. (2009). California, EEUU.: *Google Noticias*. Información consultada el 28 de agosto de 2009, de http://news.google.com/nwshp?hl=es&lr=&tab=wn.

[xcvii]Recibe perdón del rey saudí: fue un "error" encarcelar a una mujer tras ser violada. (2007, 18 de diciembre). *El Nuevo Día*. Guaynabo, Puerto Rico. [Versión Electrónica].

[xcviii]Ramón Lobo. Si no hay sexo, no hay comida. (2009, agosto). Guaynabo, Puerto Rico.: *El Nuevo Día*. [Versión Electrónica].

[xcix]Periodista de EE. UU. detenida en Irán, denuncia su familia. (2009, marzo). *Primera Hora*. Guaynabo, Puerto Rico. [Versión Electrónica].

[c]Azotarán a mujer musulmana en Malasia por beber cerveza. (2009, septiembre). Guaynabo, Puerto Rico.: *Primera Hora*. [Versión Electrónica]; Modelo malaya pide ser azotada en público por beber alcohol. (2009, agosto). Guaynabo, Puerto Rico.: *Primera Hora*. [Versión Electrónica].

[ci]Entrevista al P. Samir Khalil Samir, SJ, Profesor en Roma y Beirut de relaciones islamo-cristianas en relación a los cristianos sofocados por el Islam. (s.f.). *Agencia Católica de Informaciones (ACI)*. Lima, Perú. Consultado el 2 de mayo de 2007, de http://www.aciprensa.com/.

[cii]Leandry-Vega, I. (2008). La maldad y la imbecilidad de tu Dios y de tu religión. Morrisville, North Carolina.: *Lulu Press*, pp. 79-80.

[ciii]Un tribunal islámico de Malasia permite a una mujer de origen chino abandonar la fe musulmana. (2009). Córdoba, España.: *Web Islam*. Información consultada el 28 de enero de 2010, de http://www.webislam.com/.

[civ]Entrevista al P. Samir Khalil Samir, SJ, Profesor en Roma y Beirut de relaciones islamo-cristianas en relación a los cristianos sofocados por el Islam. (s.f.). *Agencia Católica de Informaciones (ACI)*. Lima, Perú. Consultado el 2 de mayo de 2007, de http://www.aciprensa.com/.

[cv]Aziz El-Kaissouni. (2008, 9 de febrero). La Justicia egipcia reconoce el derecho a la reconversión al cristianismo. España, Unión Europea. *Alharaca*. Información consultada el 11 de octubre de 2009, de http://www.alharaca.org/?q=node/127.

[cvi]Afganistán: senado apoya polémica condena. (2008, 30 de enero). *British Broadcasting Corporation (BBC)*. Londres, Reino Unido. Recuperado el 30 de diciembre de 2008, de http://news.bbc.co.uk/hi/spanish/news/.

[cvii]Fatua contra las estatuas deja de piedra a los artistas egipcios. (2006, 1 de abril). Montevideo, Uruguay.: *La Republica 21*. Información consultada el 20 de enero de 2009, de http://www.larepublica.com.uy/.

[cviii]Mil latigazos y cinco años de cárcel por contar en televisión su vida sexual. (2009, octubre). Guaynabo, Puerto Rico.: *Primera Hora*. [Versión electrónica].

[cix]Edward A. Adams. (2007). Indonesia Playboy Editor Not Guilty. Chicago, EE.UU.: *American Bar Association Journal*. Información consultada el 20 de enero de 2009, de http://www.abajournal.com/.

[cx]Ismael Leandry-Vega. (2008). La maldad y la imbecilidad de tu Dios y de tu religión. Morrisville, North Carolina.: *Lulu Press*, pp.121-123; Irán prohíbe novela de García Márquez. (2007). *British Broadcasting Corporation (BBC)*. Londres, Reino Unido. Recuperado el 30 de diciembre de 2008, de http://news.bbc.co.uk/hi/spanish/news/; Frances Harrison. Irán: prohibido llevar maquillaje y sombrero. (2007, 12 de

noviembre). *British Broadcasting Corporation (BBC)*. Londres, Reino Unido. Recuperado el 30 de diciembre de 2008, de http://news.bbc.co.uk/hi/spanish/news/.

[cxi]Liz Gooch. **Malaysian Court Ends Ban On Book**. (2010, febrero). Cambridge, MA.: *Harvard University, Pluralism Project*. Información consultada el 13 de febrero de 2010, de http://www.pluralism.org/news/.

[cxii]Saeed Ahmed. **Bibles seized as Malaysia minorities fear fundamentalism**. (2009, octubre). Atlanta, Georgia.: *Cable News Network (CNN)*. Consultado el 30 de diciembre de 2009, de http://edition.cnn.com/.

[cxiii]**Si dices Dios, también puedes decir Alá**. (2009, 31 de diciembre). Londres, Reino Unido.: *British Broadcasting Corporation (BBC)*. Recuperado el 31 de diciembre de 2009, de http://news.bbc.co.uk/hi/spanish/news/; léase, además: **Malaysian Court Rules Non-Muslims May Call God Allah**. (2010, enero). Cambridge, MA.: *Harvard University, Pluralism Project*. Información consultada el 30 de enero de 2010, de http://www.pluralism.org/news/.

[cxiv]Wole Soyinka. (2006, 27 de marzo). **La religión no puede ser excusa**. *Clarín*. Buenos Aires, Argentina. Recuperado el 18 de agosto de 2008, de http://www.clarin.com/.

[cxv]Osman, M. (2007,1 de diciembre). **Reclaman la muerte para la educadora: la profesora británica fue declarada culpable de haber insultado al Islam al permitir que sus alumnos llamaran Mahoma a un osito de peluche**. (2007,1 de diciembre). *El Nuevo Día*. Guaynabo, Puerto Rico. Recuperado el 31 de diciembre de 2007, de http://www.elnuevodia.com/.

[cxvi]**Afganistán: senado apoya polémica condena**. (2008, 30 de enero). *British Broadcasting Corporation (BBC)*. Londres, Reino Unido. Recuperado el 30 de diciembre de 2008, de http://news.bbc.co.uk/hi/spanish/news/.

[cxvii]**Dolorosa condena por ligones: dos jóvenes saudíes recibirán 70 latigazos cada uno y tendrán que memorizar el Corán por piropear a una joven**. (2008, 8 de marzo). *El Nuevo Día*. Guaynabo, Puerto Rico. [Versión Electrónica].

[cxviii]Michaels, S. (2009, agosto). **Iranian Bob Dylan sentenced to five years for singing Qur'an**. Londres, Reino Unido.: *The Guardian*. Información consultada el 11 de septiembre de 2009, de http://www.guardian.co.uk/.

[cxix]**Playboy Indonesia editor cleared of indecency**. (2007, 5 de abril). *Canadian Broadcasting Centre*. Canada. Información consultada el 20 de enero de 2009, de http://www.cbc.ca/news/story/2007/04/05/playboy-indonesia-clear.html; **Indonesia**. (2009). The World Factbook. *Central Intelligence Agency (CIA)*. Washington, DC. EE. UU. Consultado el 20 de mayo de 2009, de https://www.cia.gov/library/publications/the-world-factbook/index.html.

[cxx]**Entrevista al P. Samir Khalil Samir, SJ, Profesor en Roma y Beirut de relaciones islamo-cristianas en relación a los cristianos sofocados por el Islam**. (s.f.). *Agencia Católica de Informaciones (ACI)*. Lima, Perú. Consultado el 2 de mayo de 2007, de http://www.aciprensa.com/.

[cxxi]**Jordanos demandan cortar relaciones con Dinamarca por caricaturas**. (2008, 25 de febrero). *Noticias Telemundo, Yahoo*. EE.UU. Consultado el 3 de abril de 2009, de http://noticias.telemundo.yahoo.com/.

[cxxii]Sebastián Usher. **Latigazos a una periodista Saudita**. (2009, octubre). Londres, Reino Unido.: *British Broadcasting Corporation (BBC)*. Recuperado el 30 de diciembre de 2009, de http://news.bbc.co.uk/hi/spanish/news/.

Derecho Satánico **133**

cxxiiiCondenados a tres años de prisión dos periodistas marroquí por "atentar contra la religión musulmana". (2008). *El Periódico*. Información consultada el 11 de diciembre de 2008, de http://www.elperiodico.com/.

cxxiv(Énfasis nuestro). Suspenden la distribución de revista francesa L' Express por perjudicar Islam. (2008). *Terra, Noticias*. Madrid, España. Recuperado el 3 de abril de 2009, de http://www.terra.com/noticias/.

cxxv(Subrayado nuestro). Marruecos prohíbe la difusión del semanario francés L'Express por atentar contra el Islam. (2008, 3 de noviembre). *El País*. Madrid, España. Consultado el 29 de diciembre de 2008, de http://www.elpais.com/.

cxxviJosé Antonio Millán. (2007). Blog. *Vocabulario de ordenadores e Internet*. Información consultada el 13 de junio de 2009, de http://jamillan.com/v_blog.htm.

cxxviiIrán advierte a oposición sobre Internet. (2010, enero). Londres, Reino Unido.: *British Broadcasting Corporation (BBC)*. Recuperado el 30 de enero de 2010, de http://news.bbc.co.uk/hi/spanish/news/; léase, además: Los 12 enemigos de Internet. (2009, marzo). *British Broadcasting Corporation (BBC)*. Londres, Reino Unido. Recuperado el 30 de diciembre de 2009, de http://news.bbc.co.uk/hi/spanish/news/.

cxxviiiPakistán y el bloqueo de YouTube. (2008, 26 de febrero). *British Broadcasting Corporation (BBC)*. Londres, Reino Unido. Recuperado el 30 de diciembre de 2008, de http://news.bbc.co.uk/hi/spanish/news/; Eliezer Garrido Ferradanes. (2008, febrero). Pakistán bloquea el acceso a YouTube. *Siliconnews; VNU Business Publications España S.A.* Consultado el 25 de diciembre de 2008, de http://www.siliconnews.es/.

cxxixMalasia condena a un bloguer opositor a dos años de prisión por criticar el Islam. (2008, 23 de septiembre). *El Mundo*.: Madrid, España. Consultado el 29 de diciembre de 2008, de http://www.elmundo.es/.

cxxxLeandry-Vega, I. (2010). Religión, el enemigo número uno de la libertad de expresión. Scotts Valley, California.: *Editorial Espacio Creativo*, pág. 68.

cxxxi(Énfasis nuestro). El desafío a la humanidad de Hirsi Ali. (2007, 15 de mayo). *El Reloj*. Jerusalem, Israel. Consultado el 31 de diciembre de 2007, de http://elreloj.com/article.php?id=23155.

cxxxiiEl desafío a la humanidad de Hirsi Ali. (2007, 15 de mayo). *El Reloj. Jerusalem, Israel*. Consultado el 31 de diciembre de 2007, de http://elreloj.com/article.php?id=23155.

cxxxiiiHarrison, F. (2007, 12 de noviembre). Irán: prohibido llevar maquillaje y sombrero. Londres, Reino Unido.: *British Broadcasting Corporation (BBC)*. Recuperado el 30 de diciembre de 2008, de http://news.bbc.co.uk/hi/spanish/news/; Maniquíes en Irán: sin curvas y con velo. (2009, septiembre). Londres, Reino Unido.: *British Broadcasting Corporation (BBC)*. Recuperado el 30 de diciembre de 2009, de http://news.bbc.co.uk/hi/spanish/news/; Multan a mujer en Sudán por usar pantalones, no le darán azotes. (2009, septiembre). Guaynabo, Puerto Rico.: *Primera Hora*. [Versión Electrónica].

cxxxivManiquíes en Irán: sin curvas y con velo. (2009, septiembre). Londres, Reino Unido.: *British Broadcasting Corporation (BBC)*. Recuperado el 30 de diciembre de 2009, de http://news.bbc.co.uk/hi/spanish/news/.

cxxxvRamón Lobo. Si no hay sexo, no hay comida. (2009, agosto). Guaynabo, Puerto Rico.: *El Nuevo Día*. [Versión Electrónica]; Recibe perdón del rey saudí: fue un "error" encarcelar a una mujer tras ser violada. (2007, 18 de diciembre). *El Nuevo Día*. Guaynabo, Puerto Rico. [Versión Electrónica].

cxxxviCorte kuwaití concede derecho a mujeres para obtener pasaportes. (2009). Córdoba, España.: *Web Islam.* Información consultada el 28 de enero de 2010, de http://www.webislam.com/.

cxxxviiOctavio Paz. (2006). *Proverbia.* Recuperado el 18 de agosto de 2006, de http://www.proverbia.net/.

cxxxviiiIslam. (2007). Enciclopedia Microsoft Encarta Online 2007. *Microsoft Corporation.*: Redmond, WA. [Versión Online en español].

cxxxixPreguntas y respuestas frecuentes sobre el Islam. (s.f.). *Agencia Católica de Informaciones (ACI).* Lima, Perú. Consultado el 2 de mayo de 2007, de http://www.aciprensa.com/.

cxlAfganistán: las mujeres todavía esperan. (2009, agosto). Londres, Reino Unido.: *British Broadcasting Corporation (BBC).* Recuperado el 30 de diciembre de 2009, de http://news.bbc.co.uk/hi/spanish/news/; Martin Patience. Afganas en contra de la nueva ley. (2009, abril). *British Broadcasting Corporation (BBC).* Londres, Reino Unido. Recuperado el 30 de diciembre de 2009, de http://news.bbc.co.uk/hi/spanish/news/.

cxliLiz Gooch. Malaysian Court Ends Ban On Book. (2010, febrero). Cambridge, MA.: *Harvard University, Pluralism Project.* Información consultada el 13 de febrero de 2010, de http://www.pluralism.org/news/.

cxliiJuez saudí aprueba que los hombres golpeen a sus esposas. (2009, mayo). *El Nuevo Día.* Guaynabo, Puerto Rico. Recuperado el 30 de diciembre de 2009, de http://www.elnuevodia.com/.

cxliiiHarrison, F. (2007, 12 de noviembre). Irán: prohibido llevar maquillaje y sombrero. Londres, Reino Unido.: *British Broadcasting Corporation (BBC).* Recuperado el 30 de diciembre de 2008, de http://news.bbc.co.uk/hi/spanish/news/.

cxlivArrestado por hablar de sexo. (2009, 25 de julio). Madrid, España.: *El Mundo.* Consultado el 29 de diciembre de 2009, de http://www.elmundo.es/.

cxlvArabia Saudí: le aplican 40 latigazos por invitar a dos jóvenes a su casa. (2009, marzo). *Infobae.*: Argentina. Consultado el 29 de diciembre de 2009, de http://www.infobae.com/interior/home.html.

cxlviMultan a mujer en Sudán por usar pantalones, no le darán azotes. (2009, septiembre). Guaynabo, Puerto Rico.: *Primera Hora.* [Versión Electrónica].

cxlviiJuez saudí aprueba que los hombres golpeen a sus esposas. (2009, mayo). *El Nuevo Día.* Guaynabo, Puerto Rico. Recuperado el 30 de diciembre de 2009, de http://www.elnuevodia.com/.

cxlviiiEntrevista al P. Samir Khalil Samir, SJ, Profesor en Roma y Beirut de relaciones islamo-cristianas en relación a los cristianos sofocados por el Islam. (s.f.). *Agencia Católica de Informaciones (ACI).* Lima, Perú. Consultado el 2 de mayo de 2007, de http://www.aciprensa.com/.

cxlixEntrevista al P. Samir Khalil Samir, SJ, Profesor en Roma y Beirut de relaciones islamo-cristianas en relación a los cristianos sofocados por el Islam. (s.f.). *Agencia Católica de Informaciones (ACI).* Lima, Perú. Consultado el 2 de mayo de 2007, de http://www.aciprensa.com/.

clPreguntas y respuestas frecuentes sobre el Islam. (s.f.). *Agencia Católica de Informaciones (ACI).* Lima, Perú. Consultado el 2 de mayo de 2007, de http://www.aciprensa.com/.

cliiEl Satanismo. (2009). Montevideo, Uruguay.: *Monografías*. Recuperado el 12 de noviembre de 2009, de http://www.monografias.com/.

cliiUlemas consideran apóstatas a defensores de la abolición de la pena de muerte. (2009). *El Confidencial*. España. Información consultada el 31 de diciembre de 2009, de http://www.elconfidencial.com/.

cliiiAziz El-Kaissouni. (2008, 9 de febrero). **La Justicia egipcia reconoce el derecho a la reconversión al cristianismo.** España, Unión Europea. *Alharaca*. Información consultada el 11 de octubre de 2009, de http://www.alharaca.org/?q=node/127.

clivHRW pide al rey saudí que impida ejecución de una mujer acusada de brujería. (2008,14 de febrero). *Terra, Noticias*. Madrid, España. Recuperado el 3 de abril de 2008, de http://www.terra.com/noticias/.

clvHRW pide al rey saudí que impida ejecución de una mujer acusada de brujería. (2008,14 de febrero). *Terra, Noticias*. Madrid, España. Recuperado el 3 de abril de 2008, de http://www.terra.com/noticias/.

clviHRW pide al rey saudí que impida ejecución de una mujer acusada de brujería. (2008,14 de febrero). *Terra, Noticias*. Madrid, España. Recuperado el 3 de abril de 2008, de http://www.terra.com/noticias/.

clviiEE. UU. regaña a A. Saudita. (2004). *British Broadcasting Corporation (BBC)*. Londres, Reino Unido. Recuperado el 30 de diciembre de 2007, de http://news.bbc.co.uk/hi/spanish/news/.

clviiiGolpe a los "adoradores del diablo" en Irán. (2009, mayo). *British Broadcasting Corporation (BBC)*. Londres, Reino Unido. Recuperado el 30 de diciembre de 2009, de http://news.bbc.co.uk/hi/spanish/news/.

clixCritican al Gobierno británico por intento de deportar a Irán a homosexuales. (2008, 7 de marzo). *El Mercurio Online*. Empresa El Mercurio S:A:P.: Chile. Consultado el 7 de Marzo de 2008, de http://www.emol.com/.

clxExigen ejecución de maestra. (2007, 1 de diciembre). *Primera Hora*. Guaynabo, Puerto Rico. [Versión Electrónica]; **Maestra llega a Londres tras indulto en Sudán.** (2007, 4 de diciembre). *El Nuevo Día*. Guaynabo, Puerto Rico. Recuperado el 31 de diciembre de 2007, de de http://www.adendi.com/.

clxiRussian woman put on trial in Dubai for drinking juice in public. (2008). *Pravda.Ru*. Información consultada el 11 de diciembre de 2008, de http://english.pravda.ru/society/stories/106429-dubai-0.

clxiiReligious police in Saudi Arabia arrest mother for sitting with a man. (2008). Estados Unidos.: *Religion News Blog*. Información consultada el 13 de enero de 2010, de http://www.religionnewsblog.com/.

clxiiiEn Irán, para ser candidato a presidente necesariamente hay que tener creencias religiosas. (2009, mayo). Madrid, España.: *Escepticismo*. Información consultada el 28 de diciembre de 2008, de http://www.escepticismo.es/religiones/Noticias-religiones/.

clxivIran: Four months in jail and 30 lashes for walking dog in streets. (2008). Estados Unidos.: *Religion News Blog*. Información consultada el 1 de noviembre de 2009, de http://www.religionnewsblog.com/.

clxvCritican al Gobierno británico por intento de deportar a Irán a homosexuales. (2008, 7 de marzo). *El Mercurio Online*. Empresa El Mercurio S:A:P.: Chile. Consultado el 7 de Marzo de 2008, de http://www.emol.com/.

clxvi"**No quiero morir, quiero vivir y amo la vida"**. (2008, 18 de febrero). *Infobae*. Buenos Aires, Argentina. Consultado el 18 de febrero de 2008, de http://www.infobae.com/.

clxvii**¿Ley Sharia en el Reino Unido?** (2008, 8 de febrero). *British Broadcasting Corporation (BBC)*. Londres, Reino Unido. Recuperado el 30 de diciembre de 2008, de http://news.bbc.co.uk/hi/spanish/news/.

clxviiiBashir Adigun. **Nigeriano con 86 esposas es arrestado por infringir la ley**. (2008, 16 de septiembre). *Primera Hora*. Guaynabo, Puerto Rico. [Versión Electrónica].

clxixRacionalista Internacional. (2004, 5 de julio). **La Corte Europea defiende la prohibición de los velos islámicos**. New Delhi, India. Información consultada el 30 de junio de 2009, de http://www.rationalistinternational.net/.

clxx**El Tribunal de Estrasburgo ampara la prohibición del velo en gimnasia**. (2008). Madrid, España.: *Corporación Radio Televisión Española (RTVE)*. Información consultada el 31 de diciembre de 2008, de http://www.rtve.es/.

clxxi**El Tribunal de Estrasburgo ampara la prohibición del velo en gimnasia**. (2008). Madrid, España.: *Corporación Radio Televisión Española (RTVE)*. Información consultada el 31 de diciembre de 2008, de http://www.rtve.es/.

clxxiiOtt, D. (2009, 9 de abril). **Court Upholds Police Department's Uniform Guidelines**. *Harvard University, Pluralism Project*.: Cambridge, MA. Información consultada el 30 de diciembre de 2009, de http://www.pluralism.org/news/; Gambardello, J. (2007). **Judge: Police Can Ban Religious Muslim Garb**. *Harvard University, Pluralism Project*.: Cambridge, MA. Información consultada el 31 de diciembre de 2008, de http://www.pluralism.org/news/article.php?id=10057.

clxxiiiState of Florida. (2003). **Jueza falla en favor del Estado en caso velo**. *Office of the Attorney General*. Información consultada el 23 de octubre de 2008, de http://myfloridalegal.com/newsrel.nsf/0/7984C1D629A4CE7C85256D3D0063B6B5?O pen&LN=SP.

clxxivRacionalista Internacional. (2004, 5 de julio). **La Corte Europea defiende la prohibición de los velos islámicos**. New Delhi, India. Información consultada el 30 de diciembre de 2009, de http://www.rationalistinternational.net/.

clxxv**Turquía: crisis por velo islámico**. (2009). Córdoba, España.: *Web Islam*. Información consultada el 28 de enero de 2010, de http://www.webislam.com/.

clxxvi**Swiss Court Upholds Basketball Headscarf Ban**. (2010, febrero). Cambridge, MA.: *Harvard University, Pluralism Project*. Información consultada el 13 de febrero de 2010, de http://www.pluralism.org/news/.

clxxvii**El Gobierno malasio prohíbe la conversión forzosa al Islam de los menores de edad**. (2009, abril). *Europa Press*. Madrid, España. Recuperado el 30 de abril de 2009, de http://www.europapress.es/.

clxxviii**Father guilty over ritual beating**. (2009, enero). *British Broadcasting Corporation (BBC)*. Londres, Reino Unido. Recuperado el 30 de diciembre de 2009, de http://news.bbc.co.uk/.

clxxix**Declaración sobre la eliminación de todas las formas de intolerancia y discriminación fundadas en la religión o las convicciones**, A.G. res. 36/55, 36 U.N. GAOR Supp. (No. 51) p. 171, ONU Doc. A/36/684 (1981).

Derecho Satánico   137

clxxxPacto Internacional de Derechos Civiles y Políticos, Adoptado y abierto a la firma, ratificación y adhesión por la Asamblea General de las Naciones Unidas en su resolución 2200 A (XXI), de 16 de diciembre de 1966.

clxxxiPacto Internacional de Derechos Civiles y Políticos, Adoptado y abierto a la firma, ratificación y adhesión por la Asamblea General de las Naciones Unidas en su resolución 2200 A (XXI), de 16 de diciembre de 1966.

clxxxiiPacto Internacional de Derechos Civiles y Políticos, Adoptado y abierto a la firma, ratificación y adhesión por la Asamblea General de las Naciones Unidas en su resolución 2200 A (XXI), de 16 de diciembre de 1966.

clxxxiiiNick Madigan. (2008, 7 de mayo). Court denies Islamic divorce. Baltimore, Maryland.: *Baltimore Sun*. Información consultada el 2 de noviembre de 2009, de http://articles.baltimoresun.com/2008-05-07/news/0805060427_1_aleem-divorce-wife.

clxxxiv(Subrayado nuestro). Tribunal Supremo turco juzga ilegal obligatoriedad de asignatura de religión. (2008). *Terra, Noticias*. Madrid, España. Recuperado el 3 de abril de 2008, de http://www.terra.com/noticias/.

clxxxvCorte kuwaití concede derecho a mujeres para obtener pasaportes. (2009). Córdoba, España.: *Web Islam*. Información consultada el 28 de enero de 2010, de http://www.webislam.com/.

clxxxviAl Goodman. Spanish soldier arrested over 'jihad' videos. (2009). Atlanta, Georgia.: *Cable News Network (CNN)*. Consultado el 30 de diciembre de 2009, de http://edition.cnn.com/.

clxxxviiIslamic Pupil Wins Case to Pray At German School. (2009, octubre). Cambridge, MA.: *Harvard University, Pluralism Project*. Información consultada el 30 de diciembre de 2009, de http://www.pluralism.org/news/.

clxxxviiiTribunal Constitucional de Alemania: el hiyab forma parte de la libertad religiosa de la mujer. (2003). Córdoba, España.: *Webislam*. Información consultada el 30 de junio de 2009, de http://www.webislam.com/default.asp?idn=3155.

clxxxixGreg Bluestein. (2009, 24 de julio). Georgia Courts to Allow Religious Head Coverings. Cambridge, M A.: *Harvard University, Pluralism Project*. Información consultada el 30 de diciembre de 2009, de http://www.pluralism.org/news/.

cxcSijs. (2009). Enciclopedia Microsoft Encarta Online 2009. Redmond, WA.: *Microsoft Corporation*. [Versión "online" en español].

cxciVerma, S. K. (2009, 22 de abril). Local Sikh Wins Discrimination Battle In Australia. *Harvard University, Pluralism Project*.: Cambridge, MA. Información consultada el 30 de diciembre de 2009, de http://www.pluralism.org/news/.

cxciiMulti v. Commission scolaire Marguerite Bourgeoys, 1 S.C.R. 256, 2006 SCC 6; Canada's Supreme Court: School ban on Sikh daggers not justified. (2006). Estados Unidos.: *Religion News Blog*. Información consultada el 1 de noviembre de 2010, de http://www.religionnewsblog.com/.

cxciiiNeary, B. (2008). Wyo Settles Inmate Religious Rights Lawsuit. *Harvard University, Pluralism Project*.: Cambridge, MA. Información consultada el 31 de diciembre de 2008, de http://www.pluralism.org/news/article.php?id=10057.

cxcivRadiografía del Islam. (2001, 2 de octubre). *British Broadcasting Corporation (BBC)*. Londres, Reino Unido. Recuperado el 30 de diciembre de 2008, de http://news.bbc.co.uk/hi/spanish/news/.

cxcvUn juez aplaza un juicio en Francia debido al Ramadán. (2008). *El Periódico de Catalunya*. Catalunya, España. [Versión Electrónica].

cxcviDhar, S. (2009, febrero). **Editor indio enfrenta cargos en corte por artículo sobre Islam**. *Reuters*. South Colonnade, Canary Wharf, London. Recuperado el 18 de agosto de 2009, de http://lta.today.reuters.com/.

cxcviiPor **manifestaciones contra el Islam, ordenan persecución penal contra diputado.** (2009, enero). *El Tiempo*. Información consultada el 26 de enero de 2009, de http://www.eltiempo.com/.

cxcviiiMarco **Tulio Cicerón**. (2006). *Proverbia*. Recuperado el 18 de agosto de 2006, de http://www.proverbia.net/.

cxcixLa **televisión afgana desafía al Tribunal Supremo y vuelve a emitir imágenes de mujeres cantando**. (2004). Barcelona, España. *Noticiasdot*. Consultado el 28 de febrero de 2009, de http://www.noticiasdot.com/.

ccEl **Tribunal Constitucional de Kuwait apoya que las diputadas puedan ir sin velo**. (2009). California, EE. UU.: *Yahoo News*. Información consultada el 31 de diciembre de 2009, de http://news.yahoo.com/.

cciRodríguez, F. Y. (2009). **No a las burkas en Francia**. *Blog Sin Dioses*. Consultado el 29 de diciembre de 2009, de http://blog-sin-dioses.blogspot.com/.

Derecho Satánico   *139*

Libros escritos por Ismael Leandry Vega

La maldad y la imbecilidad de tu Dios y de tu religión

Religión, el enemigo número uno de la libertad de expresión

Made in the USA
Charleston, SC
26 February 2010